嫌われずに言い返す技術

五百田達成

リベラル文庫

はじめに

「は？　ふざけるな！　うるせえよ！　何度言ったらわかるんだ、バカ！」

「お前みたいな無能、雇ってるだけムダ。これぐらい、やっとけよ」

「子ども欲しくないの？　彼氏は？　結婚は？　ちゃんとデートしてる？」

「仕事、遅いなー。それで給料もらえるなんて、うらやましいよ」


突然キレてくる人、怖いパワハラ、気持ち悪いセクハラ、遠回しに悪口ばかり言ってくる人……。

ほんと、ムカつきますよね。

イライラします。頭にきます。「この野郎」って思うし、「早くいなくなってくれ」って心の中で願います。

まじめで一生懸命なあなたは、ついそこで、言い返そうとするはず。「こっちにはこっちの事情が」と説明したり、「そういうの、よしましょうよ」とたしなめたり。

ところがなぜでしょう。**そういう反論は、たいていムダに終わります。**

正論をぶつけたのに、さらに調子に乗ってくる。
話題を変えたら、さらに怒ってくる。

おかしい、こんなはずじゃ……。気持ちが焦ります。

その結果あなたは、**「黙ってるのが一番」とあきらめて、次第に何も言わずにやり過ごすことになるでしょう。**そうです。自分さえ我慢すればいい。それしかない。

たしかにそうすれば、その場はおさまります。が、それだと今度は**自分の気持ちがおさまらないのではないでしょうか。**

プライドが傷つき、悔しさがこみあげる。「なんでこんなこと言われなくちゃいけないんだ」とモヤモヤが残る。

で、「やっぱりこれじゃいけない！」と思い直し、「今度こそ言い返す！」

と心に誓う。……のですが、実際、次に言われたときには、うまく言い返せない。

そうやって、振り出しに戻る。無限ループ、八方ふさがりです。

どうしてこうなってしまうのでしょう？

ムカつく相手に、なんとかうまく言い返す方法はないのでしょうか？

「間違った言い返し方」してませんか？

あなたにムカつくことを言ってくる人たちには、それぞれの思惑があります。

あなたのことをいじめたい、ストレス発散のために憂さ晴らしをしたい、自分を認めてほしくて自意識過剰になっている……。そういう心理が背景にあります。

ところが、**あなたにはその心理が見えない、わからない。**

そりゃそうです。ムカつく相手の胸の内まで考えてるヒマはありませんよね。

そこで、つい、こっちの気持ちのおもむくまま、がーっとイライラをぶつけたり、がむしゃらに反論したりしてしまう。

ですが、**そういう言い返し方では、まったく効果がないのです。**

相手は全然反省しないし、黙ってくれない。むしろ、下手に刺激して調子づかせることになってしまう。

あなたとしても、不完全燃焼。「言ってやった！」という爽快感もありません。

つまり、あなたの言い返し方は間違っている、ということ。

相手の考えてることがわからないまま、やみくもに言い返すからうまく撃退できない。だから、**やりこめることができない、ぴしゃりと黙らせられない。**

これでは、言われっぱなしの攻められっぱなし状態。

やばい。ピンチです。

そうならないために、あなたはどうすればいいのでしょうか？

事を荒立てたくはない。
それでも、言われっぱなしはイヤだ。

ムカつく相手にうまく言い返して、あっちに「すみません」と反省させ、こっちもスカッと気持ちが晴れる。
そんな魔法のような「言い返す」技術はないのでしょうか？

ムカつく相手にスパッと言い返す技術

ムカつく相手には、相手の「急所」をついたひと言で、言い返すのが効果的です。

冷静に、スパッと、言い返すのです。

そうすれば相手は驚きます。びびります。ひるみます。
調子づくこともありませんし、ネチネチと同じ事を言い続けることもなくなります。

そして**二度と、あなたに向かって、ムカつくことを言ってこなくなる**でしょう。
「失礼だな！」と怒り出したり、「覚えてろよ！」としこりを残したりもしない。静かにすみやかに退散してくれます。

助かった。
これで平和が取り戻されました。
あなたのイライラ、モヤモヤはきれいさっぱり晴れました。

ストレスなく、スッキリした気持ちで、普段の生活を送ることができます。

めでたし、めでたし！

＊

この本では、あなたのまわりにいるムカつく人のタイプ別に、**正しい「言い返し方」**を37項目、まとめました。

スパッと言い返す方法。

ビシッと言い返すひと言。

いずれも、これまで知られてこなかった「超裏ワザ」です。

今日からすぐに、誰にでも実践できる「超簡単なこと」ばかりです。

もう我慢しない。
今日からは、スパッと言い返す。

あなたの勇気と、平穏な毎日を、心から祈っています！

もくじ

Part 1 「攻撃的でうるさい人」に言い返す

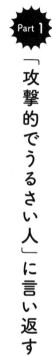

Part 2 「自己チューでわがままな人」に言い返す

Part 3 「傲慢でえらそうな人」に言い返す

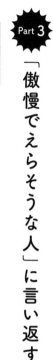

Part 4

「しつこくてめんどくさい人」に言い返す

＊本文中で紹介している「ムカつき度」は、全国の20～60歳の男女を対象としたアンケート調査の結果をまとめたものです。（アンケート調査　アイブリッジ）

Part 1

「攻撃的でうるさい人」に言い返す

言い返す技術 1

悪口を言ってくるヤツには、「Yes, but」で言い返す

ムカつき度 90%

「お前って、ほんと気が回らないよな。仕事、遅いよ」――

「よくそんなダサい格好できるよね。ちょっとは服装に気をつかえば？」――

「なんか味が足りないんだよなあ。料理、全然うまくならないね」――

こっちが傷つくようなこと、ひどい悪口を面と向かって言ってくる人、いますよね。

悲しくなるし、悔しいし、怒りもこみ上げます。なんでそんなこと言うん

だろう。私は悪くない。そっちだって悪いのに……。

そこでつい、「だって、そっちだって遅いじゃん」「でも、最近、おしゃれにも気を配るようになったよ」と言い返すことに。

あるいは、「どうせ私は、料理の才能ありませんよ」とひねくれてみる。

しかし、これをすると**相手はなぜかもっと元気になってしまいます。**

「言い訳するなよ」「実際にダサいんだから、仕方ないだろ」「そういう性格だからダメなんだよ」と、悪口が止まりません。

ただでさえこっちは傷ついてるのに、傷口に塩を塗られている気分。最悪です。

かといって、**いわれのない悪口に対して「ごめん」と謝るのも、言われっぱなしで引き下がるのもゴメンです。**

なんとかならないのでしょうか？

うまい言い返し方はないものでしょうか？

あの人はなぜ悪口を言ってくるのか？

悪口を言ってくる人は、とにかくあなたを非難したい人です。あなたが悪い、あなたに非がある、あなたはダメだ。そう言いたくてたまらない。そのことを認めさせたい。それこそが悪口の原動力です。

なので、**彼らは、あなたが非を認めるまでは黙ってくれません。**最大の目的は「私が悪うございました」と謝らせることなので、それまでは追及の手をゆるめないのです。

「だって」「でも」と言い訳したり、「どうせ」と話題を変えようとしたりすると、「そうじゃない」「まだわからないようだな」と、悪口がヒートアップしてしまう。

となれば、こちらの選択肢はふたつです。

「私は悪くない、あんたも悪い」と徹底抗戦するか、「はい、私が悪かったです。すみませんでした」と降伏するか。

ですが、**徹底抗戦は、体力も気力も消耗しますし、大ごとになってしまう。**しかも、相手ほど口ゲンカが強くないあなたは、さんざん言い返しても、結局言いくるめられてしまうでしょう。

かといって、**最初からおとなしく降伏するのは、納得がいきません。**どうして、こっちが下手に出なくてはいけないのか。悪いのはあっちなのに……。癪にさわります。

困りました。本当に道はこのふたつしかないのでしょうか？

上手にバランスを取りながら、乗り切ることはできないのでしょうか？

「Yes, but」話法で言い返す

悪口を言ってくる人には、「いったん受け止めてから反撃」がいいでしょう。


「お前って、ほんと気が回らないよな。仕事、遅いよ」

「確かに……。でも、お前からの連絡も遅かったよね？」

「よくそんなダサい格好できるよね。ちょっとは服装に気をつかえば？」

「勉強になります。でも、課長ほどヒマじゃないんですよ」

「なんか味が足りないんだよなあ。料理、全然うまくならないね」

「難しくて……。じゃあ私も言うけどさ、あなたの足もずっと臭いよね」


このように、まずはいったん、相手の言うことを受け止める。そうすることで相手の欲求を満足させつつ、自分の余裕も見せつける。で、相手に隙ができたところで、すかさず、悪いところを攻撃するのです。

具体的には「確かに。でも」「そうですね。しかし」という言い方を意識します。これは「Yes, but話法」あるいは「Yes, and話法」と呼ばれる話し方です。

そのほか「逆に言うと」「それで言うと」なども「いったん受け止めて言い返す」のに使える便利なつなぎ言葉です。

ちなみにこれは、**普段の会議や話し合いの場でも有効なテクニック。**「だって」「でも」と言い返すよりも、よほど賢そうに、余裕があるように見えるのでオススメです！

悪口を言ってくるヤツは

実は とにかくあなたを非難したい

NG 「だって」「でも」で言い返すと、火に油

OK いったん受け止めてから言い返すと効果的

言い返す技術 2

イヤミを言ってくるヤツには、「ありがとう」とお礼を言う

ムカつき度 75 %

「いいなー、ヒマそうで。うらやましいよ、まったく」——

「出来のいいお子さんだと、お母さんは気楽でいいですね」——

「ずいぶん高いなあ。よっぽどいいサービスをしてくれるんだろうねえ」——

イヤミったらしい人っていますよね。

皮肉、あてこすり、遠回しな悪口……。言われた瞬間、ムカッとしますし、ザラッとした気持ちになります。

形だけでも恐縮して「いえいえ、そんなことないですよ〜」と言えば、その場はおさまるのですが、そうするとこっちのモヤモヤが消えません。

かといって「どうしてそんなこと言うんですか？」「ええ、それがなにか？」とまっすぐ詰め寄っても、相手は首をすくめて苦笑いするだけ。


こうやってちくちくとイヤミを言われ続けると、心の底からウンザリします。いっそのこと、まっすぐに文句を言われた方がまし、というものです。

イヤミは、大昔から日本にあるコミュニケーション。歴史が古いだけあって、さすがに強敵です。いまだに、正しい言い返し方は確立されていません。

なんとかして、スパッと言い返すことはできないものでしょうか？

イヤミは心をむしばむウイルス

イヤミを言う人は、あなたを遠回しに攻撃したい人です。**文句がある。ひとこと言いたい。でも、まっすぐに言うのは怖い。**ケンカになるのも避けたい。そこでオブラートに包んで、安全な立場から、ずるく悪口を言うのです。

「仕事がヒマでうらやましい」「子どもが優秀でうらやましい」「いいサービスを期待している」……。どれも表面的には、悪口にはなっていない、むしろ相手のことをほめている話し方です。

こっちとしては、その裏にある「働けよ」「怠けやがって」「安くしろ」というメッセージをビンビンに感じるけれど、うまく隠れているので言い返しづらい。**表だって反論すると、「そんなつもりはなかった」としらばっくれられる。**

ならば、と、無視していると、調子に乗っていつまでもイヤミが止まらないし、こっちもイライラが溜まっていく。

その場はぐっと飲み込んで、あとで友人や家族に「こんなこと言われた」と泣きつくしかありません。でも、相談されたほうも「言わせておけばいいよ」ぐらいしか言えない。

次第にあなたのイライラは限界に達し、あるときから、あなたも相手にイヤミを言い返し始めることになります。もちろんそうすれば、そのときはスッとするけれど、後味がよくありません。

目には見えないけれど、じわじわと心をむしばむウイルスのようなイヤミ。

なにかいい対抗策はないのでしょうか？

「ありがとう」でイヤミを消毒する

イヤミを言う人に効果的なのは、「ありがとう」というお礼の言葉です。


「いいなー、ヒマそうで……」

「ありがとうございます！　毎日早く帰宅できてうれしいです」

「出来のいいお子さんだと……」

「ありがとうございます！　孝行息子で助かってます」

「よっぽどいいサービスをしてくれるんだろうねえ」

「ありがとうございます！　はい、サービスには自信を持ってます」


相手が小ずるくぶつけてきた悪意に対して、むしろ善意を示すことで、人間として上に立つ。これが効きます。たとえるなら、ウイルスを早めに消毒するイメージです。

相手は、「ぐむむ」と気まずそうにするあなたの顔を見たいわけです。

それなのに、**明るい表情で「ありがとう」とお礼を言われるとびっくりします。**そして、「いや、まあ、いいんだけどさ」などとごにょごにょ言って退散してくれるはずです。

イヤミにはお礼を。

ポイントは、スパッと明るく言い切ることです！

イヤミを言ってくるヤツは

実は 言いたいことを言わないずるい人

NG 無視してるとイライラが溜まる

OK 「ありがとう」のひと言で、上に立つ

言い返す技術 3

突然キレるヤツには、**黙って下を向く**

ムカつき度 88%

「ふざけんなよ、てめえ。辞めちまえ、バカ！」――

「うるさい！　あんたは黙ってなさいよ、まったく」――

突然キレる人、いますよね。たまにならまだしも、頻繁にキレる。

怒鳴る、叫ぶ。モノを投げる、机を蹴る……。びっくりするし、怖いしで、体が固まってしまいます。

そこで、**「落ち着いてくださいよ」「話し合いましょうよ」**と冷静に声をか

けると、火に油を注ぐ結果に。「お前、なめてるのか？」「黙ってろって言ったでしょ」と、ますますヒートアップします。

かといって、「なめてませんよ！」「だいたいねー！」とこっちも声を荒らげようものなら、暴力沙汰に発展しかねません。

キレてくる相手には、どう言い返すのが正解なのでしょう？

キレる人の心理

すぐにキレる人は、相手を威圧することに喜びを感じています。

怒ってるわけでも、叱ってるわけでもないのです。ただただ、相手を威圧して、びびらせて、ねじ伏せたい。おびえる姿を見て、悦に入りたい。

日々大変なストレスを抱えているからか、はたまた、生まれついてのものかはわかりませんが、これではちょっとした病気です。

こういう人たちは、自分よりも弱い立場の人を狙って攻撃します。**相手を威圧する快感がほしいわけですから、簡単にびびってくれる相手を選んでキレます。自分より強い人、上の人には間違っても歯向かわない、卑怯者でもあります。**

そんな人を前にするとあなたは、「なにキレてんだ、こいつ」と腹が立ちますよね。とりあえず冷静になってもらいたいので、「まあまあ」となだめたりもするでしょう。

ですが、相手は興奮している自分を抑えられない状態です。こっちからどんな言葉をかけても届きません。

むしろびびってほしいあなたが、生意気にもあれこれ言い返してくるので、さらに興奮して逆上します。

最悪です。

なるべく早く嵐がおさまり、しかも、こっちもイヤな気持ちにならないで済む方法はないのでしょうか？

嵐をやりすごすベストな方法

残念ながら、キレる人に対してうまく言い返す方法はありません。**黙っているしかない。やりすごすしかない。**相手は正常ではない状態なので仕方ないのです。

でも安心してください、「うまいやりすごし方」ならあります。それは**「顔を伏せる」**というもの。

こっちが下を向けば、一見、頭を下げて服従してるように見えるので、とりあえず相手は満足します。

ですが、相手からこっちの表情は見えないので、顔を伏せたまま「バカだなあ、この人」とニヤニヤと舌でも出していましょう。

「頭を下げる」のではなく、あくまで「顔を伏せる」のだと思えば、「ほんとはあっちが悪いのに」と自分のプライドが傷つくこともないはず。

むしろ頭の中ではまったく別のことを考えましょう。晩ご飯のメニューを考えてもいいし、歌を歌ってもＯＫです。

そうすると**相手は調子に乗って「黙ってないでなんとか言えよ！」「こっち見ろよ」と揺さぶってくるかもしれませんが、無視です。誘導にひっかかってはいけません。**

相手は暴れたくてうずうずしてる。そんな人に何を答えても「そういうこと聞いてんじゃねえよ、バカ！」とさらに汚い言葉を浴びせられるでしょう。顔を上げても「なんだよ、文句あるのかよ」と難癖をつけられる。

そんなの勘弁です。言葉の暴力にそこまでつきあってあげる義理はありません。

何を言われてもだんまりを決め込む。イメージは、電車の中でおかしい人が暴れているときの感じです。下手に関わって、身も心も傷つくことがないようにしましょう。

ちなみにその際、やり取りをこっそりスマホなどで録音しておくというのも得策。心理的に余裕を持てますし、何かのときに役立つかもしれません！

突然キレるヤツは

実は 相手がびびる姿に喜びを感じる

NG 冷静に対応すると、逆効果

OK 顔を伏せて嵐をやりすごすのが一番

言い返す技術 4

文句ばっかり言ってくるヤツは、「こっち側」に巻き込む

ムカつき度 76%

「商品の陳列のしかたがマズかったね。やっぱりこれじゃダメだよ」——「パッケージのデザインがダサいんだよ。それが敗因」——「イタリアンじゃなくて和食がよかったな。胃にもたれちゃって」——

終わったことをガタガタ言ってくる人、あとになって文句をつけてくる人っていますよね。不満があるなら前もって言えばいいものを、後だしジャンケンであーだこーだ言ってくる。頭にきます。

ですが、「終わってから言わないでくださいよ」「それなら先に言えよ」という文句は、たいてい空振りに終わります。「いまわかったから言ってるんだ」「その時はいいと思ったんだからしかたないだろ」と、かえって開き直られてしまうでしょう。

「反省はいいから、これからのことを考えましょう」「過去を振り返ってどうするんです？」と未来に目を向かせようとしてもムダ。「ちゃんと反省しないと前に進めないぞ」「お前こそ、失敗から目を背けるな」と、かえって説教されることに。

うーん、これでは完全に八方ふさがりです。

しかも、**あなた自身、懸命に言い返していても、なぜかモヤモヤしたものが残るはず。いったいなぜでしょう？　そもそもあなたは何にムカついているのでしょうか？**

あなたがムカつく本当の理由

文句を言ってくる人は、結局、すべてのことを「他人事」だと思っています。

目の前の仕事や話題について、**「自分のこと」と思ってない。部外者として外野からあれこれ言いたがる。**なんなら、そうやって冷静に分析するのが自分の役目、と思い込んでるふしさえあります。

百歩譲って、占い師やコンサルタントならそれでもいいでしょうが、同じ目線の同僚や上司がそんな態度では、あなたとしてみればムカつくのは当たり前です。

冒頭の例にしたって、仮に、

「商品の陳列のしかたがマズかったな。ちょっと明日から変更しよう」

「パッケージのデザイン、もっと会議で揉むべきだった、すまん」

「正直イタリアンはちょっと重かったけど、みんなは楽しんでたみたいでよかったね」

などと言われれば、ずいぶん印象が変わるはずです。


つまり、**あなたがムカつく理由は「後から言ってくる」という時間差にあるのではなく、「他人事のように言ってくる」という点にあるのです。**

そこをあなた自身も見失ってしまうと、つい「先に言ってくれ」「今言わないでくれ」と、ピントのずれた言い返しをしてしまうことに。

「いつ言ったか」ではなく「どの立場で言っているか」がムカつく。そこまでわかってしまえば、相手をやっつけるのは簡単です！

相手が投げたボールを剛速球で投げ返す

後から文句をつけてくる人に言うべきひと言は、「じゃあ、お前がやれ」です。


「商品の陳列のしかたがマズかったね。やっぱりこれじゃダメだよ」

「どう陳列すればいいか、教えてくれ。お前が指示を出せ」

「パッケージのデザインがダサいんだよ。それが敗因」

「どうすればいいですかね。部長のアイディアを聞かせてください」

「イタリアンじゃなくて和食がよかったな。胃にもたれちゃって」

「じゃあ、次の店はお前が決めろ」


相手が無責任に投げっぱなしにしたボールを、すぐさま剛速球で投げ返すのです。そうすると相手は、**高みの見物から引きずり下ろされて、びっくり**

するでしょう。

こうなるとどうせ「いや、それは俺の仕事じゃない」「それを考えるのは、君の仕事だ」と責任逃れが始まるはず。

そうしたらすかさず「はい、だから、私が考えます（あんたは黙ってろ）」のひと言で、話を終わらせることができます。

とはいえ、これは少しハードルが高いかもしれません。ビシッと言えない場面も、ままあるでしょう。

そんなときには**「私たち」「われわれ」という言葉を使って、相手をこっち側に巻き込む、という手があります。**

「〝俺たち〟の陳列プランが違ってたかー。どうすればいいと思う？」

「〝部長と一緒に決めた〟パッケージですが、残念ですね」

「〝俺とお前で〟決めた店だけど、そっか、お前の口には合わなかったか」

このように、主語を「Ｗｅ（私たち）」にすることで、**逃げ腰の相手をこっちに巻き込みます。**そうすることで「文句ばっかり言ってないで、お前も考えろよ」というメッセージを、やんわりアピールできるのです！

文句ばっかり言ってくるヤツは

実は「他人事」だと思っている傍観者

NG「後から言うな」だと水掛け論に

OK「私たち」「われわれ」でこっち側に巻き込む

言い返す技術 5

パワハラしてくるヤツには、「さらに上の権力」をちらつかせる

ムカつき度 87%

「すぐ動けよ、一番下なんだから」——
「もっと飲めよ。飲めないやつが営業なんてできるか」——
「週末、ゴルフだから、空けておけよ。予定? 知るかそんなもの」——
パワハラ、怖いですよね。

上司や先輩、立場が上の人から言われると、それだけで身がすくむ。怖い。地獄の毎日です。

しかもたちの悪いことに、パワハラなのか、業務の指示なのか、はたまたいじめなのかも区別がつきにくい。だから、**言い返すのも至難の業**となります。

たいていは、「はい……」と渋々ながら従ってしまうことに。もし仮に言い返せたとしても、「でも……」とか「それって僕の仕事ですか？」とか、精一杯の抵抗を試みるだけになります。

ですがそれだと、相手は「いいからやれよ」と怒り出したり、「うるせえ。もっと飲め」と、むしろ高圧的な態度に拍車がかかったりします。なかには「そんなことでうちの部署にいられると思ってるのか？」と脅迫してくる人も。

なぜ、あなたはうまく抵抗できないのでしょう？

結局、**パワハラには泣き寝入りするしかないのでしょうか？**

日本はパワハラ天国？

パワハラをする人たちは、「上は下に厳しくしていい」と思っています。

会社なんだから、上下関係なんだから、これぐらいは当たり前。これぐらいは普通の指導。仲良しごっこじゃないんだから、優しくばっかりなんてしてられない。しかも、**上の立場である自分にはそうする権利がある、義務がある、と信じています。**

根っこにあるのは日本独特の上下意識です。

「長幼の序」を説く儒教にしろ、「先輩・後輩」を重んじる体育会文化にしろ、この国ではもともと、タテ社会の意識がとても強い。だから、彼らは、普段のふるまいを「これぐらい当然」と思うわけです。

となると、**相手はパワハラをしてくる個人ではなく、「日本の文化」なの**

ですから、こちらとしてはだいぶ分が悪い。

言い返しても「世の中ってのはそういうものだ」と相手にされず、ムダな抵抗に終わってしまうわけです。

これは深刻です。なにか打開策はないものでしょうか？

「会社を辞める」といった飛び道具を使わず、上手に言い返すワザはないのでしょうか？

パワハラしてくる人は権力に弱い

パワハラとはつまり、上下関係による攻撃です。

であれば、**パワハラをしてくる人には、さらなる上下関係を意識させるしかありません。**具体的には、相手よりもさらに上位にいる人、つまり、先輩の先輩、上司の上司、そういう存在をちらつかせます。

「すぐ動けよ、一番下なんだから」

「了解です。部長からも別の用件を頼まれてるのですが、どちらを優先しましょうか」

「もっと飲めよ。飲めないやつが営業なんてできるか」

「あ！　部長が手酌だ……ちょっとお酌してきます」

「週末、ゴルフだから、空けておけよ。予定？　知るかそんなもの」

「ですよね。ちょっと部長にも相談してみます」

「下は上に従うべき」というシンプルな考えの人には、彼ら・彼女たちが頭が上がらない人を持ち出せばいい。そうすれば、あなたを攻撃しにくくなるわけです。

同じ考え方で、**「パワハラ」という言葉を意識して使っていくのもオススメです。**

「最近なにかと、パワハラが話題ですね」「友人の会社でパワハラホットラインができたみたいで」など、常日頃からさりげなく「パワハラ」という言葉を使いましょう。

そうすれば、「部下に辛く当たる」→「パワハラが問題になる」→「上から怒られる」→「下手をすると法に触れる」と、連想します。

自分より上の存在にはとことん弱いので、行いを改める可能性が出てきます。**正論は通じない。そのかわり権力には弱い。**

とにかくなんとかして、「さらに上の人」や「法律」といった、彼らが従うしかない存在をアピールして、態度を改めてもらいましょう！

パワハラしてくるヤツは

実は 下に辛く当たるのは当たり前と思っている

NG 「やめてください」という正論は通じない

OK より上の人の存在をちらつかせて切り抜ける

言い返す技術 6

セクハラしてくるヤツには、発言をオウム返しする

ムカつき度 76%

「今日はデート？　メイクばっちりだね」――

「最近、太った？　もう少し痩せてるほうがいいよ」――

「女の子にはガンガン行かないとダメだよ。草食とか言ってないでさ、ほら」――

セクハラって、なんであんなにムカつくんでしょうね。

気持ち悪いし、大きなお世話だし、放っておいてほしい。

中には**「これってセクハラかもしれないけど」「セクハラに聞こえたら申し訳ないんだけど」と、予防線を張ってから、ぬけぬけとセクハラしてくる人もいます。**

ですがこっちとしては、話題が話題なので、つい言い返すのをためらってしまいます。

「それってセクハラですよ！」と真正面から言い返しても、相手は「おお怖い」と肩をすくめるだけですし、「やめてくださいよ〜」と笑って受け流すと、「君のためを思って言ってるんだよ」としたり顔。どうやってもうまく切り返せません。

どうしてこうなってしまうのでしょうか。

いったいどうすれば、セクハラをやめてもらえるのでしょうか？

キャバクラやホストクラブと勘違いしている

セクハラしてくる人は、欲求不満です。

口説きたい、抱きたい、さわりたい、眺めたい。そういった欲求をそのまま満たすわけにはいかないので、代わりに、セクハラをしてくる。それだけです。

恥ずかしい話題を振って、照れる様子を見たい。性的な話をすることで、距離を縮めたい。実に気持ちが悪いです。そういう目で見ないでくれ、それならお金払って、キャバクラなりホストクラブなりに行ってくれ、という話です。

中には、**単に相手をいじめたいだけの人もいます。**

性的な目で見ているわけではないけれど、**相手が困る顔を見たい、もじも**

じするところを見たい。ちょっとしたサディズムです。

だから男性上司が男性部下に「風俗に連れて行ってやるよ」と言ったり、女性上司が女性部下に「結婚はまだ？　男の子紹介してあげようか？」と当てこすったりするのです。

いずれの場合も、相手はあなたの困る顔を見たいだけなので、どんな言い返しも無効になります。

「そうなんですよー」と明るく受け入れても、「やめてください」ときっぱり拒絶しても、どっちもダメ。**もじもじした顔、照れた顔、怒った顔を見せるまでやめてくれない。**地獄です。

ですがそこで、観念して作り笑いをしようものなら、あなたはその日一日、暗い気持ちで過ごすことになるでしょう。

なにか打開策はないのでしょうか？

相手がいつのまにか静かになっているような、上手な言い返し方はないのでしょうか？

真顔でそのまま繰り返す「オウム返し」

セクハラをしてくる人には、真顔でそのまま繰り返す、オウム返しが効果的です。

「今日はデート？　メイクばっちりだね」

「デート、ですか？　メイク？　がどうかしましたか？」

「いや、その、えーと、そうかなーって……」

「最近、太った？　もう少し痩せてるほうがいいよ」

「え？　太った？　最近？　『痩せてるほうがいい』って言いました？」

「え？　言ったかな……ごめんごめん、余計なことだったね」

「女の子にはガンガン行かないとダメだよ。草食とか言ってないでさ、ほら」

「女の子、に？　ガンガン…？　行く…？」

「いや、あんまりぐいぐい行くのもよくないか、そうだね、よくないね」


まるで、生まれて初めて聞いた言葉のように、かみしめるように、ゆっくりとそのまま繰り返して、問いかけます。

そうすれば、相手にその失礼な質問をそのまま投げ返すことができますし、結果的に、「おい、お前、本気で聞いてるのか？」と、相手の下劣な品性をそのまま突き返すことができます。

ロボットのように、違う星から来た人のように、相手の目を見て、しっかりと繰り返すようにしましょう。

万が一、口にしたくないような言葉を投げかけられた場合には、繰り返さなくてOK。そのときは、穴が空くほど相手の目を見るといいでしょう。

いずれにしろ、相手を戸惑わせることができたら、こっちのものです！

セクハラしてくるヤツは

実は 欲求不満を満たそうとしている

NG 「セクハラです」と言っても逃げられる

OK そっくりそのまま繰り返して、たじろがせる

言い返す技術 7

時間にうるさいヤツには、「小走り」して一芝居打つ

ムカつき度 71 %

ほんの数分、約束に遅れただけなのに「15時2分ですよ」とにらまれる。

飲み会に遅れそうだから、「先に始めていてください」と連絡したのに、行ってみると、あからさまに不機嫌な対応をされる。

そんな経験ありませんか？


時間にうるさい人、ちょっとした遅刻に目くじらを立てる人、いますよ

ね。こっちからすれば、「え、それくらいで……」と戸惑います。

「すみません、遅れちゃって」と謝っても後の祭り。たった一回の遅刻で「時間にルーズな人」というレッテルを貼られてしまいます。

かといってそこで、「飲み会ぐらい、いいじゃない」「遅れるって、連絡したし」と開き直るのは、さらによくありません。「あの人はいい加減な性格だ」などと、うわさを立てられて、被害が拡大します。

こっちだって遅れたくて遅れたんじゃない。それなのに、あっちは鬼の首を取ったように「時間厳守」を振りかざす。こっちとしても負い目はあるので、強くは出られない。息が詰まる。辛い……。

会の幹事、うるさ型の上司、遅刻嫌いの恋人……。

時間にうるさい人に対抗するいい手段はないのでしょうか？

時間にケチな人はお金にもケチ

時間にうるさい人は、ケチな人です。自分の時間を守ろうと必死で、ムダな時間を使うのが大嫌いなのです。

「タイム・イズ・マネー（時は金なり）」ということわざがありますが、実際、時間にうるさい人は、お金に対してもケチなことが多いもの。1分、1秒をうるさく言う人は、10円、1円まで細かいのが常です。

これはもう、染みついた価値観のようなものなので、ちょっとやそっとのことでは変わりません。

ケチな人は死ぬまでケチだし、おおらかな人はずっとおおらか。両者は永遠に相容れません。「こう言えばわかってもらえる」という言葉も、残念ながら、ありません。

参りました、これでは平行線です。

価値観の違うそういう人とは、どう折り合いをつければいいのでしょうか？

「急ぐフリ」で万事解決

時間にうるさい人には「急ぐフリ」をしましょう。それで万事解決です。

具体的には「小走り」が効果的です。

約束に遅れてしまったら、相手が視界に入ったところで、おおげさに小走りしましょう。「急いできました」という雰囲気を演出するのです。

そうすれば、驚くほどあっさり許してくれます。逆に、「だいじょうぶだった？　大変だったね」と気遣ってくれるほどです。

この人たちは「ケチ」ですが「貧乏」とは違います。「ケチ」とは「お金や時間を大事にする」という価値観です。

だから「遅刻」が嫌いなのではなく、「のんびりヘラヘラと遅刻されること、時間をムダにされること」が大嫌いなのです。

「歩いて5分遅れてくるのと、小走りで30分遅れてくるのでは、後者のほうが断然印象がいい」というのがあっちの言い分。不思議なものです。

このほかにも、**「息を切らす」「汗をかく」「顔を赤くする」「髪を振り乱す」なども効果的な演技。**

いずれも「私は時間を大事にする人間です。この遅れをとても悪いことだと思ってます」というアピールにつながるからです。

時間にうるさい人にいちいち付き合って、したくもない早起きをしてストレスを溜める必要はありません。**そうするぐらいなら、小走りしやすい靴を**

選びましょう。

一芝居打って「急ぐフリ」をするだけで、相手からは一目置かれ、しまいには「あの人はもともときちんとした性格だ」と評価が上がる。実にお得です！

時間にうるさいヤツは

実は 時間もお金もムダが大嫌い

NG 謝っても絶対に許してくれない

OK 「小走り」であっさり許してもらえる

Part 2

「自己チューでわがままな人」に言い返す

言い返す技術 8

話がコロコロ変わるヤツには、事後承諾で押し切る

ムカつき度 73%

たとえば、仕事の指示を受けているとき。

上司が、「A社と進めろ」と言ったかと思えば、「やっぱりB社にしろ」と言い、翌日には、「そもそもこの話はナシだ」と言ってくる。

たとえば、旅行の計画を立てているとき。

友人のひとりが、「ハワイに行きたい」と言ったかと思えば、「やっぱりヨーロッパに行きたい」と言い、その翌日には、「結局アフリカかなあ」な

どと言ってくる。

話がコロコロ変わる人って、ムカつきますよね。ちょっと違うならまだしも、まったく真逆のことを言ってきたりすることもしばしば。

こっちは一度「わかりました」と話を進めてるのに、後日、話をひっくり返されるので、「なんなんだよ、いったい！」とストレスが溜まります。

なので、きちんと議事録やメモを残しておいて「こう言いましたよね」「いい？　進めるよ」と突きつけるわけですが、相手は知らん顔。「え？　言ったっけ？」「まあいいや、とりあえずこっちで進めてよ」と、この先もまだまだ変わりそうな気配。いつまでたっても話が進みません。困ってしまいます。

ですが、このように**相手の言ったことを証拠として残すのは、ハッキリ言ってムダです。というか、むしろ逆効果。これこそが、話がコロコロ変わる原因になっているのです。**

よかれと思ってしたことが、まったくの裏目に。

いったいなぜ？　どうするのが正解なのでしょうか？

なぜ自分で言ったことを覚えていないのか？

話がコロコロ変わる人は、自分で言ったことを覚えてません。その場の思いつきで話します。感覚でしゃべります。

で、その内容を覚えない、積み重ねない。いわば、自分だけの世界で、独り言を言っている状態です。

だから、次々に話が変わっていき、周りはついていけない、というわけ。

こういう人に限って「自分の中では筋が通っている」「話してるうちにまとまってきた」などと言いがちです。

ですが、そもそもそんな話し方で、やっていけるのでしょうか？　なぜ、それでオトナがつとまるのでしょうか？

それは、**あなたのような、まじめで丁寧な人がそばにいるからです。思いつきで話してもメモしてもらえる。感覚でしゃべっても議事録にまとめておいてくれる。だから覚えておく必要がない。**必要だったら、あなたに確かめればいい。

だから、どんどん記憶力がなくなっていくし、覚えようという気持ちも失われていく。

どうでしょう？　まさに悪循環ですよね？

では、この悪い流れを断ち切るにはどうすればいいのでしょうか？

事後承諾でOKな理由

覚えない、覚えようとしない人に効果的な作戦は「事後承諾」です。

いちいち確認するからおかしくなるのであって、相手が何を言おうと、話をばんばん勝手に進めてしまうのです。で、**後戻りができないところまで進めてから、「これでいいですよね」と、一応確認を取るようにします。**

そこで「なんで、こんなことになってるの？」と言ってくるようなことがあっても、すっとぼければOK。

「あれ？　なんでA社とやってるんだ？」

「部長の言った通りに進めてます！　プレゼンは明日です、がんばりますよ」

「あれ？　アフリカって話にならなかったっけ？」

「結局、ハワイがいいって言ってたよ。はい、これチケットね」

なにしろ、**自分の発言自体ろくに覚えてない人たちなので、「そうだっけ」と意外とすんなりと受け入れてくれます。**

むしろ、すでにその話題に関心がなくなっていることもしばしば。「それよりもさ、この案件なんだけど」「私、旅先で絶対、ジェラートは食べたいんだよね〜」と他の話を始めることでしょう。そうしたらまた、「ああ、そうですね」「確かに、確かに〜」と話を適当に合わせておきましょう。

話がコロコロ変わる人、覚えない人には、**「言った・言わない」の話に持ち込まず、**勝手に進めて事後承諾を取るのがオススメです！

話がコロコロ変わるヤツは

実は 自分で言ったことを覚えてない

NG こっちがメモをするから、ますます覚えない

OK 話半分に聞いておいて、事後承諾で押し切る

言い返す技術 9

言うことがあいまいなヤツは、「わからない」で突っぱねる

ムカつき度 72%

「作業してたら、いつのまにか時間なくなっちゃって。ほんとあっという間で。ほら、なんかそういうことってあるじゃないですか」――

「C案のポスターがいいと思います。理由は……なんだろうな。うーん、なんとなく、ですかね。じゃ、そういう方向で！」――

言うことがあいまいで、ちゃんと説明しない人っていますよね。

自分の考えや気持ちを言葉にしない。言うことがあいまいで、テキトーで、感覚的。よくわからない。

「いいオトナならちゃんと説明しろ」と思ってしまいます。

で、そのイライラをおさえて、「スケジュールがうまくいかなかったってこと？」「色使いが明るいからですかね？」と、やさしく聞き出そうとしても、「どうでしょうね」「うーん」と、いつまでも埒《らち》があかない。困ってしまいます。

ですが、これが要注意。こうやって丁寧にかまってあげることこそ、**彼らが、どんどん説明しなくなる理由なのです。**

いったいなぜでしょう？

赤ん坊のように察してほしがる

あなたは彼らのことをただ「言葉が足りない」「説明するのが苦手」と思ってませんか？　だから、手をさしのべる気持ちで、誘導してあげるわけですよね？

実はここが違うのです。**彼らは「説明できない」のではなく「説明したくない」だけです。**できるけど、したくない。

もっと言えば「察してほしい」。

たとえば、小さい子どもなら、自分からなにも言わなくても「えっ？　なに？　今日はハンバーグ食べたいの？」とお母さんが訊《たず》ねてくれます。

子どもはただ「うん」とうなずくか、「ううん」と首を振ればいい。

こういう意思表示のしかたのまま大きくなってしまったのが、今回の「説明しない」人たち。つまり、根本的に受け身で甘えているのです。

「自分の気持ちは、他人がうまく察してくれるもの。言葉を費やして説明するなんてめんどうだからしたくない」……これが本音です。

ですからあなたが、「こういうこと？」「違う？　じゃあ、こういうこと？」と、かまえばかまうほどますます、「そうじゃない」「そうじゃない」と言い続けることになります。まるで、ベビーシートの上でふんぞり返る赤ん坊のように。まるで、彼氏の前で拗《す》ねる彼女のように。

しまいには「こういうのって感覚の問題なんですかねえ？」「ちょっと伝わりにくいかなあ～」などと、**まるでこっちのがんばりが足りないかのようなことを言ってくる。**

これでは、どんどんつけあがりますし、あなたもイライラするばかり。

では、そういう相手にはどう言えばいいでしょうか？

「あんたのお母さんじゃないんだから」「甘えるのは彼氏だけにしろ」とで

も言えれば気持ちいいのですが、なかなかそうもいきませんよね？

一瞬で説明責任を負わせるひと言

言うことがあいまいで、なにを言ってるかわからない人たちに対しては、そのままずばり、「わからない」と突っぱねましょう。

「ほら、なんかそういうことってあるじゃないですか」

「いいや、わからない。どういうこと？」

「うーん、なんとなく、ですかね。じゃ、そういう方向で！」

「すみません、わかりません。もう一度お願いします」

「ちゃんと説明しろよ！」と怒鳴るのでもなく、「こういうこと？」と誘導するのでもなく、**淡々と「わからない」「わかりません」を繰り返す。**

こうすることで、「がんばって理解してあげようとは思いません。あなたのほうに説明する責任があるんですよ」という強い姿勢を見せるのです。

そうすれば相手もようやく、「あれ？　がんばって説明しなきゃいけないのかな？」と、自分の置かれた立場に気づくでしょう。

「察しろ」という無言の圧力に対して「説明しろ」と怒るのは簡単ですが、もっとスマートなのが「わからない」というひと言。ぜひ使ってみてください！

言うことがあいまいなヤツは

実は　何でも察してほしがる甘えん坊

NG　かまってあげると、ますます受け身に

OK　「わからない」のひと言で突っぱねる

言い返す技術 10

デリカシーのないヤツには、「触れづらい話題」を持ち出す

ムカつき度 83%

「なんで結婚しないの？　理想が高いとか？」――

「子どもはまだ？　早いほうがいいよ」――

「離婚したんだって？　どうして？　なにがあったの？」――

デリカシーのない人って、ムカつきますよね。**繊細な話題に土足でガンガン踏み込んでくる。**

そういう人には、どう言い返してもムダです。

「いや、理想が高いわけじゃないんです（否定）」

「じゃあ、なに？　出会いがないとか？」

「もういいじゃないですか（ごまかし）」

「えー、よくないよ」

「いや、プライベートなことなんで（拒絶）」

「冷たいなあ。私には教えてくれたっていいじゃない」

「……（無言の怒り）」

「えー、怒らないでよー。よかれと思って聞いてるんだからさー」

このように**何を言っても諦めてはくれません。映画の中のモンスターのようにしつこく復活してきます。**

いったいなぜこうなってしまうのでしょうか？

どう切り返せば、あなたのテリトリーから出ていってくれるのでしょうか？

自分には「知る権利がある」と思い込んでいる

デリカシーのない人は「鈍感」と思われがちですが、そうではありません。「これって聞いたらまずいよな」とちゃんとわかったうえで、ずかずかと踏み込んできます。**狙ってやってる。わかってやってる。確信犯です。**

どうしてそこまでするのか。それは「知りたい」から。

とにかくもう知りたくてたまらない。ゴシップ、うわさ話を我慢できない。それはまるで、ジャンクフードを食べつづける子どものようです。

そしてなぜか**「自分にはそれを知る権利がある」と思い込んでいる**のが不思議なところ。さも当然の権利のように、強引にしつこく聞いてきます。まるで、「言論の自由」を振りかざすゴシップ記者。こっちがいくらイヤな顔をしてもお構いなしに、ぐいぐい入ってきます。

ほとほとウンザリ。こんなハイエナを追い払ういい方法はないのでしょうか？

この人たちに速やかにお引き取り願うにはどうすればいいのでしょうか？

「宗教」「家庭」「金銭」が三大闇話題

こういうデリカシーがない人を黙らせるためには、あっちとしてもさすがに突っ込みづらい話題を持ち出すしかありません。


「なんで結婚しないの？　理想が高いとか？」

「家庭の事情が複雑で……」

「子どもはまだ？　早いほうがいいよ」

「宗教上の理由で……」

「離婚したんだって？　どうして？　なにがあったの？」

「ちょっとお金のトラブルに……」

いずれも詳しく話す必要はありません。もちろんウソでOK。まるで被害者のように、悲劇の主人公のように、そっと目を伏せて小声でつぶやくようにしましょう。

そうすればあっちもようやく、「これは突っ込んだらまずい話題だ」と警戒して、引き下がってくれるでしょう。

それでも引き下がらずに、ぐいぐい来る人に対しては「いえ、ほんとに、もう」「ああ、なんでこんなことに」と顔をそむけます。もしあなたが演技派なら、目に涙を溜めるのも効果的です。

こうやって相手を煙に巻くと、そういう人はたいていおしゃべりですから、しばらくはおかしなうわさが立つかもしれません。

ですが、変に聞き回られるよりも、「あの人はやばい人だ」と遠巻きに眺められるほうがまだマシというものです。**こういう人とは関わらないのが一番なのですから。**

デリカシーのない人には、さすがの彼らもどん引きするような話題を示して、お引き取り願いましょう！

デリカシーのないヤツは

実は 「知りたい」という欲求からなんだってする

NG 「プライバシー」と取材拒否するのは難しい

OK 闇の話題を持ち出して追い払う

言い返す技術 11

遅刻グセのあるヤツは、「待たない」作戦で焦《あせ》らせる

ムカつき度 81 %

「今起きた。10分、15分、遅れます」――

「間に合わなそう。先始めてて！」――

世の中には2種類の人間がいます。遅刻する人と、遅刻しない人です。

いつも遅刻してくる人、いますよね。

遅刻する人は、いつも必ず時間に遅れます。飲み会だろうが、仕事の打ち合わせだろうが、仲間内の旅行だろうが、遅れます。

ちゃんと時間通りに来ているこっちとしては、頭にきます。時間がムダになってイライラします。

こういう人に**「時間厳守！」と言っても意味がありません。「30分早く集合時間を伝える」というのも常套《じょうとう》手段ですが、それもすぐに慣れられてしまいます。**

直前に何度もリマインドしても、なんなら念を押せば押すほど、時間通りには現れません。「何分ぐらい遅れる？」と聞いても、必ずその答え以上に遅れます。

実は、このような態度は、すべてが裏目に出ています。

あなたがそうすればするほど、彼らは、時間に遅れるようになる。**遅刻魔を育てているのはあなた自身なのです。**

いったいなぜそんなことが起きるのでしょうか？

あなたはなめられている

遅刻常習者は、ひと言で言うと、あなたのことをなめてます。あなたとの約束を軽んじている。

この人たちだって、たとえば転職の面接、学力試験、プロポーズなど、超重要な約束のときは、遅刻しません。

あなたとの約束はそれほど重要じゃないと思うから、気が抜けて「まあ、いいか」と遅刻するわけです。

その証拠にそういう人は遅れても、決して悪びれません。顔面蒼白《そうはく》で「ほんとうにごめん！」と言ってくる人はいませんよね？

「前の打ち合わせが押しちゃって」とか「出る間際になってバタバタして」とか、言い訳も多彩で、「結局、いつも待ってくれる」と、高をくくっています。

なので、しつこく連絡をしたり、リマインドを送ったりしてかまうのは完全に逆効果。「やっぱり私に来てほしいんだ」と図に乗ることになります。

つまり、遅刻グセとは、**クセではなく、人づきあいの中で生まれるもの。あなたとの力関係が変わらない限り、相手は変わらないのです。**

言うだけムダ。言うだけつけあがる。

では、いったいどうしたらいいのでしょうか？

待ったら負け。待つ前に決める！

実はこの勝負、相手が現れてからでは、何を言ってもムダ。

ここはズバリ、**「待たない」覚悟を決めるべきです。**

待ち合わせに現れなかったら、すぐにその場を離れましょう。


「(電話がかかってきて) あれ? 約束、今日でしたよね」

「うん。でも来ないみたいだったから今日はなしにしました」

打ち合わせに現れなかったら、ためらわずに先に始めます。

「(部屋に入ってきて) あれ、もう始まってます?」

「わからないことがあったら、後で聞いてください。では、次の議題」

置いていく、見捨てる、先に始める。そうやって初めて、あなたは相手と対等の立場に立つことができます。

集合場所に来なかったら、目的地まで自力で来させましょう。飲み会に遅れて来ても、会費はみんなと同じだけ取りましょう。

これだけのことを繰り返せば、相手に**「なめるなよ」「お前抜きでも私は**

構わないんだぞ」というメッセージが伝わります。

「ちょっと、遅れないでよ〜」というクレームの100倍効果的です。

相手が偉い人だったり、待たざるを得ない人の場合もあるでしょう。それでも、一度か二度「待たない」ポーズを見せることは大事です。

あなたを見る目が変わらない限り、その人の遅刻はなおらないのですから！

遅刻グセのあるヤツは

実は クセではない。あなたのことをなめてるだけ

NG 注意すればするほどつけあがる

OK 「待たない」の強硬手段あるのみ

言い返す技術 12

何を考えているかわからないヤツには、「シンプルな要望」を伝える

ムカつき度 69 %

「納期、だいじょうぶなの？」

「まぁ……」

「悩み事とかないのか？　あったら言えよな」

「別に……」

「私の家族のことをバカにしてる？　なんでそんなひどいこと言うの？」

「いや……」

こっちが何を言っても、リアクションの薄い人っていますよね。**打っても響かない。伝わってるのか、伝わってないのか、わからない。やる気が見えない、誠意が見えない。話していてイライラします。**

なのでつい、「ねえ、わかってる？」「聞こえてる？」と、問い詰めてしまうわけですが、相手は「いや、まあ」「ええ、そうですね」と、相変わらず要領を得ません。

こっちのストレスが爆発して「もっとハキハキしなさい！」「何考えてるかちゃんと言ってよ！」と叱っても、表情ひとつ変えない。

あっちからあれこれ言ってくるなら、こっちも言い返しようがありますが、無言で黙っている、反応もないとなると、打つ手に困ります。弱りました。

こういう人には、どう言えばいいのでしょうか？

気持ちのやり取りができない相手には、何を言えばいいのでしょうか？

感情はある。表に出さないだけ

無口な人、リアクションの薄い人は、感情を表に出すのが苦手な人です。

感情はある。何も考えてないわけではない。思うところもある。ですが、それを表現するのが苦手。めんどうで、したくないのです。

話したり、書いたり、伝えたりということができない。するのにすごくエネルギーを使う。辛い。しんどい。

たとえるなら、スピーカーの質がよくないパソコンのようなものです。

機能自体はハイスペックでも、音質が悪いパソコンってありますよね。聞き取りづらい、反応が悪い。

人にはそれぞれ、得意と不得意があります。

この人たちは、単に「話す」とか「しゃべる」とか「元気よく受け答えを

する」ということが苦手なだけです。悪気もありませんし、ダメ人間というわけでもありません。

子どもならいざ知らず、オトナともなれば、「ねえ、わかってる？」と問いただしても、「ちゃんと返事してよ」と叱っても、いまさら改善はしないでしょう。

とはいえ、まあ、あなたがイライラするのは当然です。生活をする中で、ちゃんと話せない相手と一緒にいるのはストレスが溜まります。

このままずっと、イライラして過ごすしかないのでしょうか？

発注書ぐらいシンプルに要望を伝える

会話が苦手な相手には、「シンプルに要望を伝える」のが効果的です。

「納期、だいじょうぶなの？」

「まぁ……」

「来週の水曜に報告してね」

「悩み事とかないのか？　あったら言えよな」

「別に……」

「事務の問題なら○○へ、仕事の進め方の相談なら●●まで、早めに言えよ」

「私の家族のことをバカにしてる？　なんでそんなひどいこと言うの？」

「いや……」

「もう二度と言わないって約束して。約束を破ったら別れます」

このように、「ちょっと一方的かな」と心配してしまうくらいの話し方でかまわないので、「やってほしいこと」を、発注書のように伝えます。


こういう人たちからすると、ちょっと冷たいぐらいのシンプルな話し方の

ほうが、わかりやすくて助かります。言われたことは意外と素直にやるので、有能に作業をこなしてくれるでしょう。

リアクションの薄い人には、丁寧に話すだけムダ。ハッキリ、キッパリ、一方的に言った方が、こっちもストレスが溜まらないし、実はあっちも助かるのです！

何を考えてるかわからないヤツは

実は 単に表現が苦手なだけ

NG 「もっと表現しろ」は、いまさらムダ

OK シンプルに言えば動いてくれる

言い返す技術 13

「悪気がない」で済ませるヤツには「いい意味で」で切り返す

ムカつき度 70%

「へえ、クーポン券つかえるんだ。おまえ、そういうケチくさいとこあるもんな」

「……(ムッ)」

「あ、ごめん。べつに悪気があって言ったわけじゃないんだ」

「先方にありのまま伝えちゃったの？　まったく、いつもバカ正直なんだから」

「……（ムッ）」

「いや、悪気はないの。正直なのはいいことだけど、でもな〜」

こっちが傷つく悪口を言っておきながら、「悪気がない」のひと言で済ませる人、いますよね。

「悪気がない」と言われてしまうと、こっちとしても怒るに怒れません。怒るとこっちの心がせまい感じになってしまう。だって相手に「悪気はない」のですから。じつによくできた言葉です。

しかたないので、「それならいいんですけど……」「もう、言い過ぎですよ、ひどいなあ」などとかろうじて言い返しても、ムカムカした気持ちが残ってしまいます。

でもって、あっちは、まるで**その一言ですべてチャラになったように、へラヘラと笑っている。**こっちが傷ついたかどうかは気にしてない。だからこっちのムカムカが止まらないわけです。

こっちの気持ちをかき乱してくる「悪気がない」。
対抗する手段はないのでしょうか？　言われっぱなしで耐えるしかないのでしょうか？

「悪気」もなければ「良気」もない

「悪気がない」で済ます人は、配慮の足りない人です。

よく考えずにひどいことを言ってしまってから、あとで「悪気がない」という言葉でフォローする。

ですから、**「悪気がない」のは本当だとしても、「良気」、つまりこっちを気遣う心理、優しくしようとする気持ちもありません。**

いいオトナなら、言葉を発する前に、よく考えるべき。

さらには、もし相手を傷つけてしまったら、あれこれ言い訳はせず「ごめん、言い過ぎた」と謝りたいものです。それなのに、それをしない。だからムカつくわけです。

ちなみに、この「悪気がない」に似たずるい言い回しとしては、他にも、さんざん暴れたあとで、「酔っ払ってたから覚えてない」。ひどいことを言った挙げ句、「冗談だよ、冗談。怒るなよ」。きつい言葉を浴びせたあと、「口がすべった」。などがあります。

いずれにしろ、**「こう言っておけば、あっちは怒りにくい。許さざるを得ないだろう」と高をくくっている心理が見て取れます。**

これは卑怯です。うーん、追い詰められました。

どうすれば、この無敵ワードを振りかざす人に一太刀《ひとたち》浴びせられるでしょうか？

伝家の宝刀「いい意味で」

あっちが卑怯な無敵ワードを使うなら、こっちも使うしかありません。伝家の宝刀「いい意味で」を振り回しましょう。

「べつに悪気があって言ったわけじゃないんだ」

「クーポン券使えるって知らなかった？　相変わらず抜けてるなあ。あ、いい意味でね」

「いや、悪気はないの。正直なのはいいことだけど、でもな〜」

「先輩みたいに意地悪になりきれないんですよ。あ、いい意味でですよ」

どんなひどいことを言っても、最後にくっつければごまかすことのできる便利ワード、「いい意味で」。

これはもちろん、イヤミです。ですがこれぐらいしないと、相手には通じないでしょう。

「悪気がない」には「いい意味で」をかぶせる。

躊躇《ちゅうちょ》せずビシビシと切り返しましょう！

「悪気がない」で済ませるヤツは

実は　そう言えば許してもらえると思っている

NG　無敵ワードを前に怒るに怒れない

OK　「いい意味で」を添えて倍返し

言い返す技術 14

ずるい頼み事をしてくるヤツには、大げさに驚いてみせる

ムカつき度 88%

「これ、締め切り過ぎちゃってるんですけど、お願いできませんか？」――

「ちょっと急いでるのよ。先にいい？」――

「ごめーん、いま細かいのないんだー。今日も出しておいてもらえる？」――

ずるい人っていますよね。

ルールを守らない、特別扱いをしてもらおうとする、すぐに頼ってくる……。大きなルール違反だったり、あり得ない要求ではないのがまたずるい

ところで、こちらとしても断りづらい。

「えー」と、苦笑いをすると、「ね、お願い」と下手《したて》に出て要求を通そうとしてきます。

かといって「ダメですよ」と言っても、「そこをなんとか」としつこい。しまいには「いいじゃない、ちょっとぐらい」と逆ギレしてきたり。

いったいなんなんでしょう、こういう人って。

どうやったら、引き下がってくれるのでしょうか？　態度を改めてもらう言い返し方はないのでしょうか？

表向きは「いい人」なのでタチが悪い

ずるい人は、「自分に甘い」人です。

世界が自分を中心に回っていると思っている。自分に都合のいいようにルールを曲げてもいいと思っている。で、実際にそうやって生きてこられた人です。

そういう人は、人に甘えるのがとても上手です。

なので、**人当たりもよく、敵も少ない。あからさまに意地悪だったり、超わがままだったりすれば、周囲もきつく当たるのですが、表面上はにこやかでいい人なので、友達も少なくありません。**

ですから、そういう人に頼まれ事をされると、断りにくい。

断ると、周囲からも「それぐらいやってあげなよ」と、まるでこっちが悪者のような扱いをうけてしまうからです。ずるいのはあっちなのに。

これは困りました。

最悪、**引き受けてあげるにしても、一矢報いたい。一発食らわせたい。**

なにかいい方法はないのでしょうか？

「は？」「え？」「ん？」でシャットアウト

こういうずるい人を相手にするときは、すかさず、「は？」と驚きましょう。

本気でなくてかまいません。すぐに冗談めかしてもＯＫ。ですが、一度はこういう強い姿勢、**まるでキレているような態度を見せて、様子を見るのです。**

「これ、締め切り過ぎちゃってるんですけど、お願いできませんか？」

「えっ！？」

「……あ、無理ですよね。すみません、無理ならいいんです」

「ちょっと急いでるのよ。先にいい？」

「は！？」

「……（しぶしぶ引き下がる）」

「ごめーん、いま細かいのないんだー。今日も出しておいてもらえる？」

「ん？」

「え？」

「えっ！？」

「……あ、ごめん、細かいのあった。ごめんごめん」

強い反応に慣れてないあっちとしては、一瞬、びっくりします。「あれ？いつもはうまくいくのに」と、戸惑います。

実は彼らも、少しは罪の意識があります。「ダメかな、こんなこと頼んじゃ」とちょっとはびくびくしている。だからこそ、甘えた声で下手《したて》に出ているわけです。罪の意識がなかったら、もっと偉そうに、堂々と頼んでくるでしょう。

ですから、「は？」「え？」「なんで？」「正気？」というニュアンスを込め

てびっくりしてみせると、びびって要求を引っ込めてくれる可能性がありま
す。

「そういうのやめてよ」「ルールは守ってください」と言うよりも、「え?」「は?」と純粋にびっくりしてみせるほうが、あなたとしてもやりやすいでしょう。 しかもそのほうがシンプルな効果が望めます。

ガツンと言ってやるのはめんどうだし、角が立ちます。

代わりに、びっくりしてみせて、静かにお引き取り願いましょう!

ずるい頼み事をしてくるヤツは

実は 「下手に出ればなんとかなる」と甘えている

NG 強い態度に出ると角が立つ

OK 「え?」と驚いてみせて、お引き取り願う

言い返す技術 15

内輪だけで盛り上がるヤツには、「いちいち質問」して話の腰を折る

ムカつき度 70%

あなたの目の前で、AさんとBさんが楽しそうに話しています。話題は、あなたの知らない会社の、知らない人の話。

A「いや〜、前におまえが担当した○○物産、あそこがさ」
B「なに、ひょっとしてまた？」
A「そうなんだよ。例の●●部長がさ」
B「まじかよ！」

あなた「……」

内輪話で盛り上がる人、いますよね。こっちがきょとんとしているのに、構わず続けて、しまいには大声で笑い合う始末。

こういうときって、つい、ニコニコと愛想笑いをして、話が終わるのを待ちがちです。「それが空気を読むってことでしょ」と、話の腰を折らないように気をつかってしまいますよね。

ですが、これが大きな間違い。そうやって**あなたが愛想笑いをすればするほど、彼らはどんどん深い内輪話に入っていきます。**

では、目の前で繰り広げられる内輪話には、どう対処すればいいでしょうか？

どうすれば、こういう人たちは黙ってくれるでしょう？

「仲間はずれ」で「仲間意識」を高める人たち

内輪話が好きな人は、「あなたを仲間はずれにしたい人」です。

内輪話は、仲間の結束を強めます。そして、その場に「仲間じゃない人」「よそもの」がいたほうが、さらに盛り上がる性質を持っています。

「俺たちだけがわかってる」「あいつは全然わかってない。ほら、困ってるよ」、そういう仲間はずれにする気持ちこそが、内輪話の醍醐《だいご》味《み》です。

ですから、内輪話が好きな人は、仲間じゃない人を強く拒絶する傾向にあります。

つまり、こういう人たちは、無意識にではありますが、あなたを仲間はずれにしようとしているのです。バカにしているし、なめているというわけ。

なので、**あなたが愛想笑いをすればするほど、気をつかって会話に入らな**

ければ入らないほど、彼らにとってはうれしい。キョトンとしているあなたの顔を見て、「俺たちは仲間だよな」と内心ほくそ笑んでいるのです。

最悪ですよね。

そんな場からは、ぷいっと立ち去りたいものですが、そうもいかない場合もあります。

いったいどうすれば、彼らは内輪話をやめてくれるでしょうか？

空気を読まず、話をぶつ切りに！

内輪話で盛り上がる人たちの「仲良しごっこ」をやめさせる最良の手は、ずばり「いちいち質問する」です。

A「いや〜、前におまえが担当した○○物産、あそこがさ」

B「なに、ひょっとしてまた？」
あなた「○○物産って、あの□□系列のですか？」
A「……」
B「うん、まあ」
A「でさあ、例の●●部長がさ……」
あなた「●●部長って、どなたですか？　私、知らないんですが」
A「……」
B「……」

こうやって、彼らの会話をぶつ切りにしていくのです。
そうすれば、楽しい内輪話もあまり盛り上がらず、早々に切り上げてくれるでしょう。
彼らに悪気がない場合は、きちんと答えてくれるはず。
「ごめん、お前は知らなかったな。○○物産っていうのはさ……」と、いちいち通訳してもらえれば、あなたも一緒になって会話を楽しめます。

話の中身がわからないから質問する。

とても普通で、とても当たり前の行動こそが、陰謀を打ち砕くのに効果的です。

反射的に愛想笑いをしそうになったときに、ぜひ試してみてください！

内輪だけで盛り上がるヤツは

実は あなたを「仲間はずれ」にしようとしている

NG 「愛想笑い」は調子づかせるだけ

OK 「空気の読めないフリ」をして、いちいち質問

言い返す技術 16

優柔不断なヤツは、「こっちのほうが得」で誘導する

ムカつき度 70%

「A案かB案か、判断願います」

「うーん、決められないなあ。部長は何て言ってるんだ？　マーケ部の意見は？　コンサルの意見は？」

「みんな、注文決まった？」

「どっちにしようかなあ。パフェも食べたいけど、ケーキも捨てがたい。迷うなあ。どっちがいいと思う？」

ぐずぐずと優柔不断でいつまでも決断できない人、いますよね。「いいからさっさと決めろよ」とイライラしてしまいます。

「こっちでどうですか？」とアドバイスしても、そういう人に限って全然言うことを聞きません。「いや、それは違うな」「もう少し考える」と頑固。なら、相談してくるなよ、とまたイライラします。

かといって**「じゃあ、こっちで行きますよ！」**と強引に決めようとすると、**「ちょっと待ってよ！」とへそを曲げてしまう。**

結局、ああでもないこうでもない、と相手が悩むのに付き合わなければいけません。

ホトホトうんざりです。どうしてこうなってしまうのでしょうか？

「どっちがいいと思う？」と聞かれたときの、正しい答え方はどんなものでしょうか？

優柔不断な人は欲張りな人

優柔不断な人は、欲張りな人です。

自分が何かを選ぶときに、絶対に成功したい、絶対に失敗したくない、あとで後悔したくない。そういう気持ちが強いのです。

だから、締め切りが過ぎようが、みんなに迷惑がかかろうが、いつまでもぐずぐずとすべての可能性を検討したがる。

当たり前ですが、すべての可能性を考えるなんて無理です。とりあえず動き出してからでないとわからないことも多い。

それなのに、考えすぎて選べない、動けない。

「どうにかなる」という臨機応変さもないし、「自分が選んだ道は後悔しない」という潔さもない……。

そんな人たちですから、周囲がどんなにアドバイスしてもかたくなです。**いろいろ意見を求めるくせに、言うことを聞かない。自分で決めようとする。そのくせ結局、決めない。**

しまいには「ほんとにそれでうまくいくの？　責任取ってよね」などと言い出します。

こっちとしてはどうでもよくなって、投げやりに「じゃあ、両方にしたら？」「どっちもあんまり変わらないよ」とアドバイスしても、「いいえ、一番いいのを選びます」と意固地になって、さらに悩み始めるので始末に負えません。

では、こういう人には何を言ってもムダなのでしょうか？

彼らの決断を後押しする、いいアドバイスのしかたはないのでしょうか？

「コスパ」は最強の口説き文句

優柔不断な人たちにアドバイスするなら、「こっちのほうが得」が効きます。


「うーん、決められないなあ」

「B案のほうがコスパがいいですよ。あと、部長のウケもいいと思います」

「じゃあ、そうしよう！」

「どっちにしようかなあ」

「食べログではパフェをすすめてるし、食べなきゃ損でしょ」

「だよね！　そうする！」

目に見える損得勘定に弱い彼ら・彼女たち。なんでもいいので、「お得」である理屈をつけてあげると、意外とすんなり「そうだよね」と決断します。

優柔不断な人は、考えすぎで欲張りな人。
納得できそうな理由をなんでもいいので提示してあげれば、みんなの待ち時間が減って、イライラはぐっと解消されます！

優柔不断なヤツは

実は 「絶対に失敗したくない」と考える欲張り

NG 「こっちにしたら？」と勧めても断られる

OK 「こっちのほうが得」と損得勘定をくすぐる

言い返す技術 17

突然泣き出すヤツには、「何もなかったように」話を進める

ムカつき度 73%

「なんでこういうことするかなあ」

「はい……（突然の涙）」

「君には期待してたのに、がっかりだよ」

「……（沈黙）」

普通に話をしていて突然泣き出されるとびっくりしますよね。泣かないにしても、いきなり黙りこくって何も話さなくなったり。がくっと雰囲気が悪

くなり、会話が止まります。

慌てて「だいじょうぶ？」と声をかけても、「だいじょうぶです」と言うくせに泣きやまない。「どうしたの？」と聞いても、首を振るだけ。いっこうにテンションが回復しません。

かといって、**放っておくと、いつまでも落ち込んでいるので、話はストップしたまま。「泣くなよ」と叱ると、さらに落ち込む……。**

こっちとしては、人の目が気になるわ、手持ちぶさたでやることがないわで、困ってしまいます。

目の前の相手が突然泣き出したら、こっちはいったいどうすればいいのでしょうか？

どんな言葉をかけるのが正解なのでしょうか？

泣いている理由は本人にもわからない

突然泣き出す人は、混乱している人です。

悲しい、ふがいない、恥ずかしい……。いろいろな気持ちが渦巻いて、つい涙が出てしまっている状態。

明確になにか理由があって「これが悲しいから泣いています。これが解決すれば泣き止みます」という人はいません。

しかも、「いいオトナなのに人前で泣いてしまっている」ということ自体を恥ずかしく思っています。恥ずかしくて、悔しくて、それでまた涙がこみあげてくる。

ですから「どうしたの?」「泣くなよ」と声をかけられても、うまく返事できません。

かといって、黙って放っておかれると、「やばい、私のせいで話が止まってる」と、ますます焦り、どんどん涙が出てくる。

こっちが声をかけても、かけなくても、泣いている人の気分がいっこうに回復しないのは、そういう理由からなのです。

これは困りました。手詰まりです。

目の前で泣いてる人がいたら、いったいどうすればいいのでしょうか？

やれることはないのでしょうか？

涙は汗と一緒。気をつかわなくてOK

泣き出してしまった相手が望んでいること、それは、「なに事もなかったようにふるまってくれる」ことです。

「はい……（突然の涙）」

「前にも言ったよね。とりあえず、報告書出しておいてね。今日中でよろしく」

「……（沈黙）」

「14時からの会議、場所取ってある？　あと、例の案件なんだけど……」

これは、言葉をかけずに放っておく、というのとは違います。それでは気をつかっていることになる。相手は気をつかってほしくないのです。

泣き出したなんて事実がないように、「でさあ」「ところでね」と、ごく自然に話を進めるのがベストです。

そうすれば、相手は次第に涙もおさまりますし、こっちもスムーズに話を進めることができて一石二鳥です。

「涙は心の汗」という言葉があります。

汗をかいてる人に「汗を止めろ」とは言いませんよね。「汗かいてるなあ」

と思いつつ、普通に話を進めるはずです。
涙の場合も、黙りこくっている場合も、それと同じ。
そこから何かを深読みしようとはせず、淡々と会話を進めるのが、お互いのためです！

突然泣き出すヤツは

実は　汗をかいているのと同じ

NG　声をかけるのも、放っておくのもよくない

OK　何もなかったように接すれば、相手も助かる

Part 3

「傲慢でえらそうな人」に言い返す

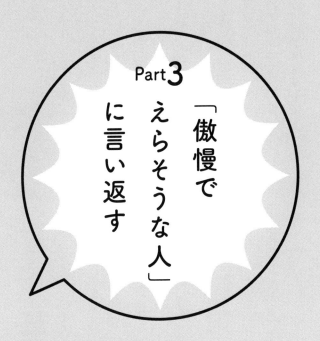

言い返す技術 18

ダメ出しばかりしてくるヤツには、いちいちポジティブに言い換える

ムカつき度 81 %

「今日のファッション、なんか浮わついてるね。またその色？ 似合ってないよ」――

「企画書、読みづらいな。主旨がぼやけてるし、フォントがよくないよ」――

ダメ出しばかりしてくる人、いますよね。

重箱の隅をつついてあら探しばかり。口を開けば、文句しか言わない。心底イライラしますよね。

否定ばかり繰り返されると、「じゃあ、どうすればいいっていうの？」と、怒りたくもなります。「代案のない否定はＮＧ」というのは必ず習うことです。あるいは「僕ってほめられて伸びるタイプなんですよ」と甘えてみることもあるでしょう。

ですが、こういった対応はまったく意味がありません。

「こういうのはどうかな？」と意見を言ってくれたり、「ここはよくできてるね！」とほめてくれたりすることはありません。「自分で考えろ」「どこをほめればいいんだよ」とキレられるのがオチです。

うーん、いったいどうしたらいいのでしょうか？

「ダメ出しモンスター」への、よい対抗策はないのでしょうか？

ダメ出しは気持ちいいので中毒になる

ダメ出しばかりする人は、それがクセになっています。

そもそも、ダメ出しはクセになりやすい話し方です。

まず、頭がよさそうに見えてかっこいい。ずばりずばりと欠点を指摘するのは、切れ者っぽくてクール。**「いいんじゃない?」とニコニコするよりも「ダメだ!」と否定する方が、仕事ができるように見える。だから、ついやってしまうのです。**

次に、忙しいときに便利。

頭の中で「ほめたほうがいいんだろうな」とわかってはいても、忙しくて時間がないときはほめてるヒマがない。つい、改善すべき点だけを指摘して済ませてしまう。まあ、効率的といえば、効率的です。

そして、偉そうに振る舞える、というのも大きいでしょう。

ダメ出しをすると、相手より上に立ったような気持ちになれます。だから、上司風を吹かせたいときには、否定的な物言いをしたくなるというわけ。

こうしてみると**「ダメ出し」は、かっこいいし、楽ちんだし、偉そうだしで、どんどんクセになってしまう。禁断の果実、中毒性のある麻薬、それがダメ出しなのです。**

ですから、どれだけあなたが「ダメ出しはやめてほしい」「どうすればいいかを教えてください」と言っても、彼らの中毒はおさまりません。

挙げ句のはてには「お前のためを思って言ってるんだ」「ほめるのは簡単だけど、それではお前が伸びない」などと言って、自分を正当化します。

では、一度ダメ出し地獄にはまってしまった人は、どうしようもないのでしょうか？

あなたはそれにつきあって、いつまでも不快な思いをするしかないのでしょうか？

「おめでたい人」は最強キャラ

ダメ出しばかりしてくる人を相手にするときのコツは、「超ポジティブになる」です。


「今日のファッション、なんか浮わついてるね」

「春らしくていいでしょ？」

「またその色？　似合ってないよ」

「そう？　この色、大好きなの」

「企画書、読みづらいな。主旨がぼやけてる」

「たくさん言いたいことがあって！」

「フォントもよくないよ」

「フォントを変えれば完璧ですね！」

このように**ネガティブ→ポジティブ変換をして、その都度口に出しましょう。**相手に合わせてこっちまで暗くなると、気持ちは沈むいっぽう。こっちだけでも無理矢理ポジティブに言い換えて、嫌な雰囲気を変えていくのです。

そうやって繰り返していくと、次第に相手も呆れて、苦笑まじりに「うん、まあ、そうかもね」「完璧じゃないけど、まあ、いいんじゃない？」と言い始めるでしょう。まさに、中毒から抜け始めている証拠です。

なんでもポジティブにとらえる「おめでたい人」こそ、どんなダメ出しにも負けない最強のキャラクター。ぜひ目指してください！

ダメ出しばかりしてくるヤツは

実は 「ネガティブ中毒」になっている

NG 食い下がっても、キレられるだけ

OK 「超ポジティブ発言」で上書きしていく

言い返す技術 19

上から目線でアドバイスしてくるヤツには、「自慢話」をさせる

ムカつき度 91%

「まずはリサーチ。で、プランニング。そうすれば、絶対契約取れるから。わかる？」――

「結局、女ってのは押しに弱いんだからさ。お前もがんばれよ」――

「子どもってのは、3歳までが大事なの。ちゃんと育ててあげてね」――

頼んでもないのに、上から目線でアドバイスしてくる人、いますよね。

しかも「お前に言われたくない」という人に限って、アドバイスしてきた

がる。まったく頭にきます。

とりあえず話を合わせておこうと「はぁ、そうですか。参考になります」と言おうものなら、相手は絶好調になってアドバイスをやめません。

かといって、**「私には私のやり方があるので」と、無用なアドバイスを断ると、「失礼だ」と怒ってしまう。**「それはあくまで、あなたのやり方ですよね」と正論をぶつけても、「だから何？」と、居直る始末。

実は、この相手、結構な難敵です。

上手にかわす、うまい言い返し方はあるのでしょうか？

「私はこうだった。だからあなたも」という暴論

アドバイスしたがる人は、人の上に立ちたい人です。

アドバイスとは、それを始めた瞬間、相手の上に立つことができる、不思議なパワーを持っています。「〜〜したほうがいい」と言うだけで。先生と生徒の関係になれる。こんなに簡単なことはありません。

ところが、たいていの人は、他人にアドバイスできるほどの知識も、資格もありません。**本来、アドバイスなんてできる立場ではない。でも、アドバイスしたい。**

そういう人が何に頼るかというと、そう、「自分の経験」です。

仕事のやり方を指導してくる先輩にしろ、恋の武勇伝を語りたがる上司にしろ、孫の育て方に口を出してくる姑《しゅうとめ》にしろ、たいていのおせっかいなアドバイスのもととなっているのは、「自分が体験したこと」です。

「私はこうだった」「僕はこれでうまくいった」という、自分の経験だけで言ってくる。百歩譲ってそこまではいいとしても、「だからあなたもこうすべき」「だからお前もこれでうまくいく」というのは、はっきり言って、論理が破綻しています。**その人とあなたは違う人間なのですから。**

それでも、こういう人たちは、自分勝手なアドバイスをしたがります。

こっちが何を言い返しても、話になりません。

「私は違う」と言っても、「いいや、私はこうだった」。

「こういう意見がある」と言っても、「いいや、私はこうだった」。

「それはあなただけでしょ」と言っても、「いいや、私はこうだった」。

これは強い。まさに悪夢です。

いったいどうやったら撃退できるのでしょうか？

自慢話のほうがまだマシ

アドバイスしたがる人たちには、ひとまず「自慢」をさせましょう。

あなたにあれこれアドバイスしてくるから、めんどうなわけです。ですからいったん、実害の少ない「自慢話」へ話を誘導します。

「まずはリサーチ。で、プランニング……」

「先輩、それでたくさん契約取ったんですよね？」

「そりゃそうよ。社長賞だって、3回獲ったんだから！」

「結局、女ってのは押しに弱いんだからさ……」

「えー、さぞかしモテたんでしょう。いいなー」

「まあな。一度、こんな女がいてさ……」

「子どもってのは、3歳までが大事なの……」

「お義母さん、さぞかし苦労されたんですね」

「そうよ、私のころはね……」

このように、**話の焦点を「あなたへのアドバイス」から「昔の自慢話」へずらす。**もちろん、自慢話を聞くのだってしんどいです。イライラもするでしょう。ですが、根拠のない上から目線のアドバイスよりは、まだ聞いてられるはず。

そうやっていったん、**自慢話にすり替えて避難したうえで、反撃のチャンスをうかがいましょう。**

「私はこうだったんだから、こうしろ」という悪夢の論法から一刻も早く逃げ出すことが、この場合は、正解となります！

上から目線でアドバイスしてくるヤツは

実は 自分の経験だけを頼りにアドバイスしてくる

NG 何を言っても「いいや、私は」で返される

OK 自慢話にすり替えて、反撃のチャンスを待つ

言い返す技術 20

「常識」を振りかざすヤツには、「私は」で乱打戦に持ち込む

ムカつき度 87%

「そんなの常識だろ。考えるまでもないよ」――

「いまさらなに言ってるの？　常識的に考えたら当たり前でしょ」――

なにかというとすぐ「常識」のひと言を持ち出して、こっちの意見を否定してくる人、いますよね。

「新しいアイディアを出せ」「これからの時代は古い考えに縛られるな」などと口では言うくせに、実際にアイディアを出してみたら「いやー、さすが

にこれは、常識的にありえないよ」と却下。これでは、やる気も失せます。

つい**「そんな常識、だれが決めたんですか？」と食い下がりたくもなります。**

「新しいアイディアを出せって言ったじゃないですか」と突っ込んだり、「常識そのものを疑わないと」と真正面から立ち向かったり。

ですが、そういった努力はたいていムダに終わりますよね。

「まだ若いな」と鼻で笑われたり、「限度ってものがあるだろう」とイヤミを言われたりして、さらに嫌な気分に。

では、こうした「常識モンスター」に立ち向かうには、どうすればいいのでしょうか？

なにか打開策はあるのでしょうか？

「常識人」は自分の頭で考えたくないだけ

なにかと常識を振りかざす人は、実は、単に自分の頭で考えるのを、サボっているだけです。

考えたくない、考えるのがめんどう。だから、とりあえず「常識」という便利ワードにすがっている。

そもそもの話、その常識がほんとうに正しければ、こちらも納得できます。ですが、**こういう人の言う常識は、まずあてにならない。古い常識だったり、一部でしか通用しないルールだったりします。**

こういった人たちが一番したくないこと、それが「議論」です。

「逆に、海外では常識です」「常識を打ち破らないと！」などと、正論をぶつけても、徒労に終わります。また、「調査ではいい結果が出てます」「先方とは話がついてます」など、外堀を埋めて説得するのも難しいでしょう。

なぜなら、そんな意見に耳を傾け、いちいち自分の頭で考えるなんて、めんどくさくてしかたないからです。

「あー、うるさい、うるさい」と追い払われ、最後は「アイツはモノを知らない」と陰口をたたかれるのがオチです。 決して、態度を変えてくれることはないでしょう。

「私は」で押し通せ！

では、そんな常識モンスターを打ち破るには、どうすればいいでしょう？

ここはひとつ、**とことん「非常識」になるのがいいでしょう。**

バカな天然キャラになって、直感で、思いつきで、言いたいことを言うようにします。

「そんなの常識だろ。考えるまでもないよ」

「えー、でも私はこっちがいいんです。根拠はありません！」

「いまさらなに言ってるの？　常識的に考えたら当たり前でしょ」

「ダメですよ！　私はこれでやりたいんです。これがいいんです！」

ポイントは、「私は」という個人的な意見で突き通すこと。一般論や、データなどを持ち出してはいけません。

とどめに「○○さんは、どう思います？」「あなたの意見を聞かせてください」と、相手にも自己主張を求めましょう。

そうすれば相手はどうしても、自分の頭で考えざるを得なくなります。

それすらめんどうな人は、「好きにすれば？」と、話し合いを終わらせてくれることもあり得ます。

自分で考えない相手には、むしろこっちの考えを突きつける。

「少しは自分の頭で考えろよ」というメッセージにもなる、巧妙なテクニックです！

「常識」を振りかざすヤツは

実は 自分の頭で考えたくないだけ

NG 「常識って何？」と突っ込むと水掛け論に

OK 「私は～」という自己主張でかき乱す

言い返す技術 21

融通の利かないヤツは、ひたすら「謝って」譲歩させる

ムカつき度 **73**%

「締め切りは昨日までなので、受け付けられません」――

「ルールなので、没収させてもらいます」――

「立ち入り禁止です。決まりなので」――

とにかく杓《しゃく》子《し》定《じょう》規《ぎ》で、融通の利かない人、いますよね。

ルールだ、規則だ、約束だ、と正論をかざし、こっちの頼みを聞き入れてくれない。途方に暮れてしまいます。

こういう人を前にすると、つい手を替え品を替え言葉を並べて、なんとかこっちの言い分を通したくなります。

「部長に怒られちゃうんですよ〜」と泣き落としにかかったり、「なんとか明日まで延ばしてもらえませんか？」と交渉したり。

あるいは、「じゃあ、どうしろっていうんですか？」とすごんでみせたり、「ほんとはもう少し締め切りに余裕あるんでしょ？　知ってるんですよ」とカマをかけてみたり。

ところが、**そういう態度はすべて間違いです。**それでは、絶対にうまくいきません。

うまくいかないどころか、「本当の締め切りは一昨日だったので、いまここで締め切ります」と、相手がさらにかたくなになってしまうことも。そういう経験、あるのではないでしょうか？

では、こういう人に言うことを聞いてもらうためには、どうすればいいのでしょうか？
そんな方法はあるのでしょうか？

自分が正義だと疑わない人たち

融通の利かない人は、とにかく自分が「正しい」と信じています。
自分は正しい。だってルールを守ってるんだから。
あっちが間違ってる。だってルールを破ってるんだから。
オトナとしては少々単純すぎる考え方です。世の中はそんなものではない。
ですが、彼らは自分の正しさを疑わないので、とにかくかたくなです。
そして、**こっちを「悪人」とみなしているので、交渉すればするほど、ど**

んどん態度を硬くしていきます。

まるでマフィアから賄賂を渡された正義の警察官のように、「けしからん！」と怒ってしまうのです。

では、どうしたらこういう人たちは態度を軟らかくしてくれるでしょうか？

正義漢気取りの人たちに、つけいる隙はあるのでしょうか？

ごめんなさい、すみません、ごめんなさい、すみません……

融通の利かない人には、意外と、「謝り倒す」のが効きます。

悪かったです。ほんとにすみません。ごめんなさい。反省してます。そうですよね、約束しましたよね。はい、申し訳ありません。ご迷惑をおかけしてしまい、すみません。

迷惑をかけてしまったことから、こんな言い争いに巻き込んでしまったことにいたるまで、相手の気持ちになってひたすらに謝るのです。

これは、泣き落としと似てますが、違います。

泣き落としとは、下手《したて》に出ることで譲歩を引き出す作戦ですが、ここでは、**「なにかしてもらおう」という気持ちは完全に捨てて、ロボットのように謝りましょう。**

するとどうでしょう?

驚くことに、相手から勝手に「しかたないですね。絶対に明日までですよ」と譲歩してくれるのです。

彼らも、鬼ではありません。心があります。

「私は正しいことをした」と実感できれば、気持ちに余裕が出てきます。

こっちに親切な対応をしたくもなる。

一方的に謝られていると手持ちぶさたですし、「ここまで謝らせて悪いな」という気持ちも芽生えてきます。そこでつい、「今回だけですよ」と譲歩することに。

まるで、北風と太陽です。

融通の利かない人には交渉は逆効果。ただひたすらに謝るのみ。

シンプルですが、驚くほど効果があります！

融通の利かないヤツは

実は 「自分は正しいことをしている」と信じている

NG 交渉すると、「けしからん」と反発を食らう

OK ひたすら謝れば、勝手に譲歩してくれる

言い返す技術 22

何でも決めつけたがるヤツは、「くだらない話」で毒気を抜く

ムカつき度 82%

「最近、夫とうまくいってなくて……」

「ああ、子どもが産まれるときに仲悪くなるっていうあれでしょう？　それってさ」

「実は転職を考えてて……」

「はいはい、転職ね。30半ばになるとみんな考えだすよね。それはつまりさ」

なんでもかんでもすぐ先回りして、勝手に決めつけてくる人っていますよ

ね。あなたが始めた話を途中でさえぎって、「それってこういうことだよね」と要約したがる。

せっかくこっちがまじめに話しているのに、「よくあることだ」といわんばかりに十把《じっぱ》一絡《ひとから》げにされるのは、単純にムカつきます。

そこで「いや、私の場合はちょっと違って」「人によるんじゃないですか？」と反論しても、相手は黙ってくれません。

「いや、そう言うけど、結局みんなそうなんだって」

「いいや、人によらないね。大体そういう悩みってさ」

と、なぜかますます元気になってしまいます。

「違う」と言ってるのに、聞く耳を持たない。個人の話をしているのに、すぐにパターン化してくる。

いったいなぜ、彼らはそんなことばかり言ってくるのでしょう？

そんな人たちに対抗するには、どうすればいいのでしょうか？

「頭いい気取り」はタチが悪い

すぐ決めつけたがる人は、自分のことを「頭がいい」と思っています。

パターンやカテゴリーで考えるのが大好きで、それを他のケースにあてはめるのが楽しくてしょうがない。あまりに好きすぎるので、目の前の人の話をきちんと聞こうとしない。

「ふむふむ、あのパターンの話ね」「はいはい、これ、前に聞いた話と一緒だな」と、勝手に納得し、勝手に悦に入っている。

それだけならまだしも、「また同じ話か……」と飽き飽きして、内心あくびをしていたりもします。いやはや、これではまっとうな会話とは言えません。

あなたがどれだけ「その他大勢のような扱いをしないでほしい」とクレームを言っても、「だって同じでしょ?」と鼻で笑われるだけ。

「人によりますよね」と食い下がっても、「そう？　○○さんも●●さんもそういう話してたよ」と、いけしゃあしゃあと他の例を出してくる。

そういう「決めつけたがり」に対しては、まじめに反論するだけムダです。言い返せば言い返すだけ彼らは喜んで自分の知見をひけらかしてくる。

では、いったい、どうしたら彼らをぎゃふんと言わせられるのでしょうか？

いい解決策はあるのでしょうか？

「超くだらない話」は決めつけようがない

小難しい話が好きで、なんでも決めつけたがる人に効くのは、「超くだらない話」です。

「仲悪くなるっていうあれでしょう？　それってさ……」

「あ、ごめん。おなら出ちゃった」

「……」

「30半ばになるとみんな考えだすよね。それはつまりさ……」

「あ、このケーキおいしい〜」

「……」

勝手な要約が始まったら、すかさず、どうやってもパターン化できないような、くだらない身近な話題をぶつけてやるのです。

他愛のない話題を唐突に持ち出し、話の腰をボキッと折る。このことで**「寒いぞ」「つまらないぞ」というメッセージを暗に突きつけることができます。**

そこで相手が引き下がったら、普通に話していいですが、ふたたび調子に乗り始めたら、すかさず「お腹すいたー」「あー、いい天気だなあ」と、強引に話をそらしましょう。

話を要約するのに夢中になっている人には、「とりとめのない話」という冷水を浴びせて目を覚まさせてあげましょう！

何でも決めつけたがるヤツは

実は「自分は頭がいい」と思い込んでる

NG「私は違う」と食い下がっても取り合わない

OK 決めつけようのない「くだらない話」で黙らせる

言い返す技術 23

押しつけがましいヤツは、「ほんとですね」と受け流す

ムカつき度 75%

「あのとき、資料作りが遅れて大変だったよな。俺が休日返上で手伝ってやって。あれがなかったらいまごろ、お前、出世コースから外れてたぞ」――

「あなたが彼氏と大げんかして、私が一生懸命仲裁に入ってあげてさ。懐かしいね。いまじゃ結婚して幸せそうで。私の苦労も報われるってものよ」――

「最近ちっとも実家に顔出さないじゃない。近ごろは、ご近所さんにばっかりお世話になってるのよ。『遠くの親類より近くの他人』とはよく言ったも

のね」——

恩着せがましい人、もっと感謝しろとイヤミを言う人、いますよね。

心の中ではちゃんと感謝していても、ことあるごとにこうやって押しつけがましいことを言われてしまうと、心が冷めてしまいます。

ですが、お世話になったことは事実なので、表だって文句も言いづらい。なのでとりあえずは「いやほんとに。感謝してます」と頭を下げることに。すると相手は天狗になって「だろ？　それがいまじゃ偉くなっちゃってさー」とますます調子づく。

ならば、と「もういいじゃないですか。あのときはあのときですよ」と言おうものなら、「ひどい」「恩を忘れたのか」と被害者面で怒ってくる。

どうでしょう？　ほんとうにめんどうですよね。

なにかいい方法はないものでしょうか？

永遠に「貸し」を作っておこうとする人たち

押しつけがましい人は、ずっと「貸し」を作っておきたい策略家です。

ほんとうの善意でやったことなら、いつまでもしつこく言ったりしません。「ありがとう」「どういたしまして」で終わりです。逆に「特別なことをしたわけじゃないよ」とさらっとふるまうのが、ほんとうの善人です。

ですが、この人たちは、違う。

ことあるごとに「〜〜してあげた」と念を押してきます。それは「貸し」を忘れさせないため。いつまでも、ヒラヒラと借用証をちらつかせるのです。

その証拠に、**この人たちは恩を返させてくれません。**

どれだけお礼を言おうと、どれだけ恩返ししようと、恩をチャラにはしてくれない。**いつまでも「あのときは大変だった」「あのときのこと忘れるな**

よ」と言い続け、「貸し」をそのままにします。つきあいきれないので距離を置こうとすると「恩知らず」となじられ、引き戻される。

いやはや、これではまるでたちの悪いヤミ金融。「ただより高いものはない」という言葉の通り、恩と義理はまことにおそろしいものです。

あー、この「恩着せ地獄」から逃れるためには、どうすればいいのでしょうか？

うまくかわす方法はないのでしょうか？

要らないものは受け取らなければいい

押しつけがましい人相手には、自分が納得いくぐらい恩を返したら（お礼を言ったら）、スパッと態度を変えましょう。まるで借金を誰かに付け替えるように、受け流すのです。

「あれがなかったら今ごろ、お前、出世コースから外れてたぞ」

「いやー、ほんとですねー。こわいこわい」

「いまじゃ結婚して幸せそうで。私の苦労も報われるってものよ」

「ほんとだねー。懐かしいねー、そんなこともあったねー」

「『遠くの親類より近くの他人』とはよく言ったものね」

「まったくだよ。昔の人はうまいこと言うね」

ポイントは受けた恩自体は否定しないこと。「確かにねー」「ほんとですねー」と、まるで他人事のように明るく相づちを打って受け流すのです。

すると相手は、押しつけるに押しつけられない。

「なんだよ、他人事みたいに」と怒ってきても、**「いや、感謝はしてますよ。ほんとにねー。助かりましたねー、あれは」**と、あくまで他人事という雰囲気を崩さないようにします。

押しつけられたものは、受け取らなければいい。どこかへ横流しすればいいというわけ。イメージとしては、**要らないお中元を、そのままお隣さんへ持っていく**感じです。

ぜひ試してみてください！

押しつけがましいヤツは

実は ずっと「貸し」を作っておきたい

NG どれだけ恩を返しても底なし沼

OK 「ほんとだねー」と他人事にするのが得策

言い返す技術 24

批評家ぶるヤツは、「仲間はずれ」にしてこらしめる

ムカつき度 77%

「○○軒のラーメン、おいしかったね！　並んだかいがあった」

「そうかぁ？　スープに深みがなかったな。評判と味が見合ってないね」

「●●さんのプレゼン、すごい説得力だったね。さすがだよね」

「本気で言ってる？　パワポでごまかしてるだけじゃん。すぐ騙《だま》されるんだから」

こういう人、いますよね。

なにかというと、否定しなくちゃ気が済まない。こっちが「よかった！」「楽しかった！」って感動してるのに、「それがどうしたの？」「わかってないなあ」などと、いちいち水を差してくる。これでは楽しい気分が台無しです。

もちろん、気に入らないなら気に入らないでいい。どう思おうが、それは個人の自由です。ただ、せっかくこっちはいい気分でいるのだから、せめて黙っていてほしい。

そこでつい、突っかかってしまったりしませんか？

「ちょっと黙ってろよ」「そんなにマズイなら食べなけりゃいいじゃん」「それ、誰の受け売り？」「はいはい、私が悪かったですよ」……。

するとどうでしょう？　**あっちはますます調子に乗ります。**「いいや、言わせてもらうよ」「そっちが感想聞いてきたんじゃん」「誰のでもないよ。私の直感」「そんなこと言ってないじゃん、単に感覚が違うだけ」……。

ああ言えばこう言う。こっちはますます興ざめ。それ以上しゃべる気もなくなります。

では、こういう人たちには勝手にしゃべらせておくしかないのでしょうか？

ぴしゃりと言ってやることは不可能なのでしょうか？

批評家気取りが巷に急増中

皮肉っぽい批評家気取りの人は「自分のセンス」を自慢したい人です。みんなと違う視点を持つ自分。それをアピールしたい。

この「みんなと違う」というのがポイントで、**みんなと違うことを言おうとするあまり、なんでもけなしにかかります。**

最近は、ＳＮＳが流行したおかげで、すべての人がこうした批評家になりつつあります。

誰かをつるし上げる、悪口を書き込む、ケンカを吹っかける。そうすると炎上する。ますます注目が集まる。うれしい。生きててよかった……。

批評家ぶりたがる人は、まさにこうした「ネットチンピラ」のようなもの。彼らはラーメンの感想をただ言い合うとか、プレゼンの成功を普通に祝うとか、そういう普通の会話ができません。というか、したくないのです。そんなことより自分のことを見てほしいのです。

こういう人の目的は「目立つこと」「注目を浴びること」ですから、あなたが肯定しても、否定しても、相手の思うつぼ。調子に乗ってますます批評してきます。

「ふん！　そんなのブログにでも書いたら？」というイヤミも通用しません。「でもブログって所詮さ」と別の皮肉が始まってしまいます。

最小限度の「へえ、そうなんだ」さえもよくありません。「え？　知らない？　この○○軒はもともとさ、外食産業大手の□□グループが経営してるから、マスコミにも顔が利いて……」なんて講釈がはじまって、ウンザリです。

あー、もう、イライラが止まらない。なんとかならないのでしょうか？

きっちり無視して、サクッと仲間はずれ

批評家ぶりたがる人のコメントを、「適当に聞き流す」のはよしましょう。これからは「きっちりと無視する」のです。

彼らはリアクションがないことを一番嫌がります。コメントもしない、話題にもしない、話を変える、これに限ります。

また、こういう人には数名で立ち向かうといいでしょう。コメントをスルーするだけでなく、他の人と〝だけ〟わいわい盛り上がるのです。

「○○軒のラーメン、おいしかったね！　並んだかいがあった」

「そうかぁ？　スープに深みが……」

「あー、おいしかった。やっぱりラーメンは最高だね。（他の人に）また行こうぜ」

「いや、えっと、期待はずれだ……」

「（他の人に）コンビニ寄って、アイス食べようよ」

「自分のセンス自慢」が空振りに終わり、さらには、仲間はずれにされたとなると、さみしがりの彼らには実にこたえます。

批評家コメントはきっちりスルー。ぜひ心がけてみてください！

批評家ぶるヤツは

実は　人と違うことを言うのがかっこいいと勘違い

NG　肯定しても否定してもさらに炎上

OK　きっちり聞き流して、話の輪から弾き出す

言い返す技術 25

天才気取りのヤツには、「大量の仕事」をぶんなげる

ムカつき度 70%

「必死こいて仕事するなんてナンセンスだよ。仕事は遊び感覚じゃなきゃ」――

「営業って、結局、効率じゃないですか？」――

このように、**「がんばらない」「汗をかかない」主義であることをやたらとアピールする人、いますよね。**

そのくせ、そういう人に限って実際の仕事はイマイチなので残念な限りです。「お前が言うかね」と呆れてしまいます。

そこでつい、厳しい現実を見せようと「だって、結果が出てないじゃないか」「そういうのは、数字をあげてから言えよ」とイヤミを言いたくもなります。

あるいはあなたが親切な性格なら、「若いうちはちゃんと汗をかきなよ」「質を語るのは量をこなしてからだ」と、優しくアドバイスをするかもしれません。

ですが、これがまったくの逆効果。

このように言えば言うほど、こういう人たちは「あー、まだそういう古いこと言う人いるんですね」「はいはい、いつか見ててくださいよ」と、あさっての方向を見て、ますます天才を気取ることに。ぜんぜん話が通じません。

これでは彼らの口は閉じないし、あなたのストレスは溜まるし、実際に仕事は進まないしで、いいことがない。

うーん、いったいどうすればいいのでしょう？

「クールな天才」ならぬ「クールな凡人」

こういう人たちは、「本物の天才」の真似をしています。

イチローとか、本田圭佑とか、そういう**「愛想は悪いけれど、ものすごい結果を出した天才」が、クローズアップされるようになりました。**とても目立つし、かっこいい存在です。

逆立ちしても彼らのような成功はつかめない。でも、彼らの物言いを真似することはできる。だからとりあえず、語り口だけでもクールな天才ぶろうとするわけです。

その証拠に、彼らはなにかというと、そうした有名人を引き合いに出したがります。

そういう人たちを真似るなら陰の努力もきちんと真似てほしいものです。

が、それはしない。しんどいから。めんどうだから。こうして「クールな天才」ならぬ「クールな凡人」が増殖していくのです。

タチの悪いことに、彼らのもう一つの特徴が「他の人を見下す」ということです。

天才気取りの彼らは、周囲の普通の人のひたむきながんばりを「古い」「時代遅れ」「効率が悪い」と見下します。

だからこそ、**周囲からの親身なアドバイスもイヤミも、まったく効かないわけです。**彼らの頭の中では、自分だけが、選ばれた天才。愚民の言うことなんて聞いてられない。

参りました。困りました。

よく回る口を黙らせて、ちゃんと努力する人になってもらう方法はないのでしょうか？

圧をかけて成長させる

こういう天才気取りの人に効果的なのは、「プレッシャー」をかけること。

ビッグマウスを真に受けて、どさっと大量の作業を任せる。これに限ります。

「必死こいて仕事するなんてナンセンスだよ。仕事は遊び感覚じゃなきゃ」

「そっかー、確かになー。じゃあ、これもこれもこれも頼むよ」

「……」

「営業って、結局、効率じゃないですか？」

「勉強になるよ。じゃあ、このエリアも、このエリアも、効率よく回ってきてよ」

「……」

彼らは「弱音を吐くのはかっこ悪い」という感覚を持っているので、顔を引きつらせながらも、「わかりました」と言うはず。

一気に増えた仕事にてんてこまいになったあと、「無理です」と泣き言を言ってきたら、優しく迎えてあげましょう。

逆に、そのプレッシャーをバネに本当の天才に成長してくれたなら、それはそれでラッキー。お互いにハッピーです。

目に余るビッグマウス、天才アピールには、**強めのプレッシャーをかけて、本物かどうか見定める**のが一番です！

天才気取りのヤツは

実は 天才を形だけ真似している

NG 何を言っても見下されるだけ

OK 大量の仕事を振ってプレッシャーをかける

言い返す技術 26

こだわりを押しつけてくるヤツは、「ウソ知識」で動揺させる

ムカつき度 71 %

「家にテレビないんだよ。まだテレビとか見てるの？　面白い？」――「このワインには、鴨が合うんだよね。牛肉は合わないよ」――「このアプリじゃないと、企画書書けなくて。あなたもこれで書いてみたら？」――

食べ物、ファッション、趣味、仕事の進め方……。こだわりの強い人っていますよね。自分勝手に言いつのっている分にはいいのですが、ときには

こっちのやり方にまで口を出してくる。

こっちとしてみれば、ついムッとして言い返したくもなります。「結構好きなんですよ、テレビ」「十分、おいしいよ」「いままで大丈夫です」……。**放っておいてくれ、私には私のやり方がある、と反論するわけですが、これがなぜか相手には効きません。「へー」と苦笑してこっちを見下したような顔で見てくる始末。**これがさらに頭にくる。

こだわりを主張されるのもムカつく。押しつけられるのもムカつく。見下されるのもムカつく。

なにか打つべき手はないのでしょうか？　上手に言い返す方法はないのでしょうか？

「偽物のこだわり」と「本物のこだわり」はここが違う

頼んでもないのにこだわりを押しつけてくる人は、「薄っぺらで浅いこだわり」を持つ人です。

ほんとうにこだわりがある人は、大きな声でそれを言ったりしません。ひとりで静かにこだわります。

こだわりというよりは、生き方。だからとても謙虚ですし、「人にはそれぞれの生き方がある」ということを知っています。

テレビの話題をすっと避ける、少量のワインを満足そうに味わう、常にもっといいアプリがないか探していて楽しそう……。毎日の生活に根ざしているので、おおげさに主張する必要がないのです。

それなのに、こだわりを大きな声で主張し、他人にまで押しつけてくる人は、そのこだわりを、まだ自分のものにしていない。**ファッションで言うと、着こなせてない状態。不安で仕方ないのです。**

だからこそ「これで間違いないですよね？」「あなたもやってますよね？」と、確認してくる。それが、こだわりを押しつけてくる人の心理です。

なので「私には私のやり方がある。放っておいてくれ」と言うと、こういう人たちは途端に動揺することに。で、その動揺を隠すために、「ふん！何にも知らないんだな」と見下してくるのです。

反論してもダメ。「すごいね」と認めるとますますうるさくなる。

こんなめんどくさい人たちには、いったい、どう言い返せばいいのでしょうか？

ウソ情報で「逆マウンティング」を！

ひとつ、いい手があります！

こだわりがうるさい人には、こっちもこだわりを主張して、ぶつけるのです。

「まだテレビとか見てるの？　面白い？」

「逆にいま、テレビ流行《はや》ってるんですって。知りません？」

「牛肉は合わないよ」

「あえて牛肉を合わせると、健康にいいんだって」

「あなたもこれで書いてみたら？」

「アプリとか最近は使ってないんですよね。若いヤツらもみんな手書きですよ」

もちろん、言い返す内容はまったくのでたらめでOK。

ポイントは「誰かが言ってた」「なにかに書いてあった」という、もっともらしい情報ソースを盛り込むことです。

というのも、**彼らのこだわりなんてどうせ、誰かの受け売り**だから。どこかのネット情報で見たことだったり、始めてたかだか半年ぐらいのことだったり。

それなのに、さも、自分のほうがよく知っているかのようにマウンティングをしかけてくるのですから、そんなもの、ウソの知識で「逆マウンティング」してやりましょう。

足元がおぼつかない彼らは突然弱気になり、「あ、そうなんだ」「ま、これはこれでね」「うん、人それぞれが一番だよ」などと、意味不明なことをつぶやいて撤退してくれるはずです。

インチキなこだわりには、ウソのこだわりで返す。

毒をもって毒を制す、の精神でやっつけましょう！

こだわりを押しつけてくるヤツは

実は 浅くて薄いこだわりなので、内心不安

NG 反論すると、勝手に見下してくる

OK ウソのこだわりをぶつけて動揺させる

言い返す技術 27

昔話ばかりしたがるヤツには、世代間ギャップを突きつける

ムカつき度 71 %

「俺が若いころはさ、仕事そっちのけでそりゃあ女遊びばっかかしてたもんだよ」――

「前の事業部にいたとき、新企画をヒットさせたんだけど、あれは大変だったな」――

こうやって、**自分の過去の栄光や武勇伝をひけらかす人、いますよね。**

こっちとしては、「ああ、そうですか」以外の感情を持ちようがありませ

ん。どうでもいい昔話ほど聞いてられないものはない。

しかも、話が盛られすぎていて本当かどうかわからないし、説教臭いし、時代遅れ。聞いててイライラします。

ですがそこで「いまは時代が違いますから」と反論してしまうと、「いや、時代とかそういう話じゃないんだよ」と、相手もムキになってしまいます。

かといって、「へー、すごいですね」と、愛想良く相づちを打てば、「結局、仕事っていうのはね」と、ますます調子づく。

「はぁ」と素っ気ない対応でスルーしても、こういう人はたいてい鈍感なので、いつまでもやめてくれない可能性があります。

古い人たち同士で、同窓会のように盛り上がってくれている分には構わないのですが、問題は、こっちに飛び火してきたとき。

こういう人たちを、一発で黙らせられる言い返し方は、ないものでしょうか？

過去しか見ない、夢の国の住人

昔話ばかり自慢げに話す人は、過去ばかり見ている人です。現在が充実していない、未来に希望が持てない……。だから、自分が輝いてたころ、自分が最も輝いていたころの記憶を、何度も何度も繰り返し味わおうとします。

そうやっていつも過去を見ていると、当たり前ですが時間の感覚がおかしくなります。あなたにとって昔のことでも、彼らにとってはつい最近のこと。そのころの常識がいまの常識なわけです。

ですから、「時代が変わった」と反論してもムダです。

そんなことは、これっぽっちも受け入れられません。だって過去しか見てないのですから。あっちにしてみれば、時代はまだ変わってなんていないのです。

何を言っても、おとぎ話の世界から出てこようとしない人たちとは、話がかみ合うわけがありません。

うーん、これは困りました。

どうしたら、そんな人たちの目を覚まさせられるでしょうか？

「いつの話をしてるんですか」「目を覚ましてください」とやんわり伝えるためには、どう言い返したらいいでしょうか？

「まだ生まれてません」で世代間ギャップを強調

過去しか見ないで時間の感覚がおかしくなっている人には、「世代間ギャップ」を突きつけるといいでしょう。

「俺が若いころはさ……」

「いつぐらいの話ですか？」

「どうだろう、95年とかか」

「うわー、僕、まだ生まれてないですよ」

「……」

「前の事業部にいたとき……」

「バブルのころですか？」

「そうそう。懐かしいなあ」

「あ、うちの母もよくバブルのころの話、します」

「……」

こうやって逐一、**「いつのことか」「何年前のことか」を確認し、さらに「まだ生まれてない」「お母さんもそう言ってた」など、それが大昔であることを知らしめます。**

そうすれば、あっちも自然と「うわ、そんなに昔のことか」と、時の流れを思い出してくれます。**いかに自分の発言が時代錯誤だったか、**わかってくれるでしょう。

過去にしか目が向いてない人には、きちんと現実を突きつけて、早く夢から覚めてもらいましょう。

そのうえで、一緒に未来に目を向けて語り合いたいものです！

昔話ばかりしたがるヤツは

実は 過去にしか目が向いてない

NG 「時代が違う」と言っても聞き入れない

OK 親を引き合いに出し、時代錯誤とわからせる

Part4

「しつこくてめんどくさい人」に言い返す

言い返す技術 28

強引に話を進めるヤツには、「逆に」で対抗する

ムカつき度 81 %

「ええ、絶対だいじょうぶです。ですから、ほら、契約のほうをぜひ。すぐに、ほら、はい、はんこをこちらに」

「えー？　いいから行こうよ。いいじゃん、いいじゃん。だって、行くって言ってたじゃん。早く、早く、急がないと」

セールスマン、営業マン、得意先の担当者……。なにかと強引に話を進める人、いますよね。こっちとしては、ペースに巻き込まれてつい慌ててしま

います。

その結果、買わなくてもいい物を買ってしまったり、うまくいくはずのものがうまくいかなかったり。

一度相手のペースに巻き込まれてしまうと、取り戻すのは大変。

「ちょっと待ってください」「考えさせてください」と、ペースを落ち着かせようとしても、「急がないと」「なくなっちゃいますよ」と、ここぞとばかりに急かしてきます。

「もういいです！」「要りません！」とキッパリ断っても、今度は「どの辺が気になるんですか？」「どこだったらいいですか？」と、あの手この手で食い下がってきます。

なぜ強引な人の誘い文句は、うまく断れないのでしょうか？

上手な断り方はないのでしょうか？

勢いが9割、内容は二の次

強引な人たちは、勢いを大事にします。

たいていの強引な話は、あとでよくよく考えれば、言ってることがおかしかったり、矛盾していたりするものです。ですが、そのときは気づけない。なぜかというと、強引な人たちは、「勢いだけ」で話してきているからです。

俗に「人に伝わることの7割以上は、言葉以外の要素（身振りや表情）によると」といわれますが、この人たちは最初から、筋道立った話をしようなんて思ってないのです。

ペースにはめる、勢いでうんと言わせる、一度うんと言わせたらそれをよりどころに一気に契約・購入まで持っていく。

その一連の流れは、完全にテクニックとして確立されています。**いわばプ**

ロのトーク。素人が、張り合っても勝てるものではありません。だから、ついつい、相手のペースに乗せられてしまうのです。

愛想良くしたらつけこまれる。

はっきり断っても食い下がられる。

保留すると脅される。

これはピンチです。どうすればいいのでしょうか?

あなたは相手のペースに乗せられたまま、降りることはできないのでしょうか?

流れを取り戻す魔法の言葉

相手が強引にくるのであれば、こっちも普通の話し方をしていては負けてしまいます。ここは、**普段使わないような強引な言葉で、相手の話を途切れさせましょう。**

「はい、はんこをこちらに」

「あ、でも逆に〜、はんこを押さないって、アリですかね？」

「早く、早く、急がないと」

「あ、逆に、私って急ぐとじんましんが出ちゃうタイプじゃないですか？」

オススメワードは、「逆に」です。

これは**「別に、内容として逆のことは言っていないのに、そう言われると、つい注意を惹かれてしまい、さもいいことを言っているように聞こえる」**という、近年流行《はや》っている魔法の言葉です。

「逆に」で、相手のペースを分断し、続けて、よくわからないことを口走りましょう。それは支離滅裂であればあるほどいいです。

そこで**相手が一瞬でも「へ？」となったら、こっちのものです。これで相**

手の勢いは8割方削がれました。

あとはなんとか、理由をつけて逃げ出します。

「社に持ち帰って考えます」「ちょっと家族と相談してみないと」と、とにかく**その場で判断せず、持ち帰るのが得策。彼らの土俵から一刻も早く逃げ出すのです。**

ペースを取り戻す魔法の言葉「逆に」、乱用は禁物ですが、いざというときにはぜひ使ってみてください！

強引に話を進めるヤツは

実は 勢いだけで「うん」と言わせるテクニシャン

NG 普通に話していたら勝ち目なし

OK 「逆に」で相手のペースを分断する

言い返す技術 29

言い訳が多いヤツは、とりあえず謝らせる

ムカつき度 78%

「コピー機の調子が悪くて、プリントできなくて、それで間に合わなかったんですよ。おまけにその紙詰まりを直してたら、取引先の○○さんから電話が来て……」――

「出来がイマイチって言われても、そもそもこれってこっちの部署でやることなんですかね？　なんか納得いかないな。本来なら営業部の担当でしょ」――

言い訳が多い人っていますよね。

口を開けば「だって」「でも」。いかに自分が悪くないかを言い立て、どういう経緯で失敗したかを詳しく語りたがる。

こっちとしては、そんなことは聞きたくないので、イライラしてしまいます。そこでつい「言い訳をするな」と叱ると、「言い訳じゃないです。説明です」と減らず口。話はすっかり平行線状態です。

どうしてこうなってしまうのでしょう?

言い訳ばっかりの人に、言い訳をやめさせるいい方法はないのでしょうか?

なぜあなたは言い訳を聞きたくないのか?

言い訳ばかりする人は、「自己弁護」しか頭にありません。

自分は悪くない、責められたくない。そのための説明を、これでもかと並べます。

あなたはそんなことは聞きたくないので、つい怒ってしまいます。ですが、**「言い訳をするな」と怒鳴っても意味がありません。相手が「わかりました、言い訳はしません」と口を閉じても、なぜかあなたの心にはモヤモヤが残ります。**

かといって、「どうするつもりだよ」と詰め寄っても、これまた意味はありません。「今後はこうしたいと思います」と具体的な改善策を聞かされても、どうしてでしょう、あなたの心はいっこうに晴れません。

どういうことでしょうか？　実に不思議です。

いったいどうすれば、モヤモヤした気持ちが晴れるのでしょうか？

あなたが聞きたいのは言い訳ではなく「ごめんなさい」

言い訳が多い人に言い返すべきひと言は、ずばり「謝れ」です。


「コピー機の調子が悪くて、プリントできなくて……」

「わかったから、まずは謝れ」

「え？」

「いいから、いったん謝って」

「はぁ、ごめんなさい」

「出来がイマイチって言われても……」

「いや、その前に、謝ってくださいよ」

「え、なんでですか」

「こっちは昨日からずっと待ってたんですから」

「ああ、わかりましたよ、はい、すみません」

どうでしょう？

一度「ごめんなさい」「すみません」を聞けば、ずいぶん心理的に落ち着きませんか？ そのあとの言い訳もだいぶ耳に入りやすくなるはずです。

というのも、あなたがまず聞きたいのは、「ごめんなさい」という謝罪の言葉だからです。そもそも、**自己弁護に必死な相手が、「ごめんなさい」を言わないから、あなたはイライラするのです。**

「ごめんなさい」「すみません」を言わずに、事情説明をしたり、改善策を話したりするから、「こいつ言い訳ばっかりだな」とモヤモヤする。

心の中のあなたは、相手に謝ってほしいのです。であれば、そのまま「謝ってほしい」と伝えましょう。

よくお母さんが子どもに言う「『ごめんなさい』は!?」、あれです。

また、相手も一度謝ってしまうと自己弁護の気持ちが弱まるので、だいぶ冷静に話すことができます。「だって」「でも」といった言葉もぐっと減ります。

もちろん、みんながみんな、素直に謝ってくれるとは限りません。

それでも**「謝れ」「謝らない」の言い合いのほうが、「言い訳するな」「これは言い訳じゃない」の議論よりは不毛じゃないはず。**

これからは素直に「謝れ」と言っていきましょう！

言い訳が多いヤツは

実は 自己弁護に必死

NG どう問い詰めても今ひとつスッキリしない

OK 「謝れ」のひと言で、話はスムーズに

言い返す技術 30

話がしつこいヤツには、「まったくの無反応」が効く

ムカつき度 **70**%

たとえば、お説教。

こっちが「わかりました」と言っても、ネチネチ、同じことを言ってくる。

たとえば、飲み会。

同じジョークや使い古された自慢話を、何度も繰り返してくる。

話がしつこい人って、ムカつきますよね。

何度も何度も同じ話を繰り返されると、まるで壊れたレコードを聴かされ

ているようで頭がおかしくなります。

そこでついあなたは、「その話、前に聞きましたよ」とか「いや、わかってます。〇〇ってことですよね」と、さえぎったり、話を追い越したりしたくなります。が、それは得策とは言えません。

「失礼だな」と顔を真っ赤にして怒り出したりしたら大変ですし、逆に「そんなこと言わないでよ……」と悲しい顔をさせようものなら、変な罪悪感が芽生えます。

最悪なのは「え、その話、ちょっと違うな」「わかってないな君は。よし、最初から話してやろう」と振り出しに戻られること。**結果的にダメージは何倍にもなってしまいます。**

では、いったい、どうすればいいのでしょうか？

無限ループする会話に、ただただ心をすり減らすしかないのでしょうか？

「かまってちゃん」は同じネタを使い回す

同じ話を何度もしてくる人は、リアクションを欲しがる人です。

たとえば飲み会の例なら、人から「面白い」「なるほど」と言われたい、かまってほしい、そういう気持ちが抑えきれないわけです。

だから、一度ウケた話や、一度「なるほど」と納得してもらえた話を、しつこくしつこく繰り返す。

お説教も同じ構造です。「反省しました」「すみませんでした」というリアクションが欲しくて、ネチネチと同じお説教をしてくる。

手持ちの話のストックがないので、同じ話を使い回す。リアクションは欲しいのに、新しい努力はしない。

たとえるなら、ＳＮＳで同じネタを何度も投稿して、「いいね！」を稼ごうとする人、といったところでしょうか。

ですから、この場合、「すごいですね！」も「反省しました」も、ふてくされた表情も、すべてのリアクションが彼らの思うつぼになります。

「かまってほしい」と願う承認欲求は、誰にでもあるもの。ですが、彼らはあまりに芸がなさ過ぎる、手抜きが過ぎる。これはいけません。

というわけでなるべくなら、いちばんきつい方法でこらしめたいものです。

そこで彼らには、「究極のノーリアクション」をお見舞いしましょう。

「無限ループ」には「静止画」で対抗

究極のノーリアクション、それは「真顔」です。

一切の感情を表に出さない。無の顔をする。これです。
何度も聞いたギャグには、**愛想笑いも、ウンザリした顔も、どちらもしないようにして、ただ単に真顔でうなずきましょう。**真顔で食べ物に箸を伸ばしたり、真顔でビールを注文してもいいでしょう。

聞き飽きたお説教に対しては、反省の表情も、ふてくされた表情も、どちらもしないようにして、とことん「無」の表情で対応。**何を言われても真顔で見つめ返します。**

想像してみてください。目の前の人間の表情が突然「無」になったら、それは怖いです。

相手は必ずびびります。
「えっと、あ、これは前に話したか」「ごめん、しつこかったかな」と反省して話題を変えるまで、ノーリアクションを貫きましょう。

話が変わったら、普通の顔に戻してOKですが、また同じ話が始まったら、ふたたび無の表情に。これを繰り返しましょう。

無限ループする動画には、ピタッと止まった静止画で対抗するのがいちばんです！

話がしつこいヤツは

実は 安易にリアクションを欲しがる

NG どんなリアクションをしても無限ループ

OK 「無の表情」で相手を震え上がらせる

言い返す技術 31

うわさ話ばかりするヤツには、「バカのフリ」ですっとぼける

ムカつき度 73%

「課長の○○さん、こんど□□部に左遷になるんだって。あの一件で。あの一件、知らない？　いや、ここだけの話なんだけどさ、あくまでうわさだよ、実はさ……」――

「知ってる？　△△さん、結婚するんだって。びっくりでしょ？　しかも授かり婚。△△さんがパパになるんだよ？　想像できる？　だいじょうぶかな？」――

「●●さんって、旦那さんとうまくいってないらしいよ。ほら、あのおうちって下の子が病気がちで学校休んでるっていうじゃない？」――**うわさ話が大好きで、始終それればっかり話している人、いますよね。**

芸能人のゴシップとか、そういう他愛のない話であれば、面白がって聞いていることもできますが、**同じコミュニティの人のうわさ話だと困ってしまいます。**

適当にうなずいておけばいいかというと、そうでもありません。のちのち、あなたに大変な被害が及ぶことになります。ならば、と、「いない人の話はよしましょうよ」とたしなめると、その場がおさまるどころか、もっと怖ろしい結果に。

「人間関係の地雷原」ともいうべきうわさ話、どう渡り歩けばいいのでしょうか？

「自慢」「中傷」「共犯」が三大要素

うわさ話をする人の目的は三つ。「自慢」と「中傷」と「共犯」です。

まず「自慢」。「ねえ、知ってる？」と切り出されるうわさ話ですが、そこで「うん、知ってる」と答えると話が先に進みません。この人たちは「知らなかった」「そうなの？」と羨望《せんぼう》の視線を浴びたい。だからこそ、日々の情報収集に余念がないわけです。

次に「中傷」。うわさ話はたいていが悪口です。人の不幸は蜜の味。その人をおとしめて、けなすことで、自分が幸せだと確認したい。病的な心理です。

最後に「共犯」。誰かの悪口を言うのは、よくないこと。そのよくないことを、一緒にやる共犯関係の提案をしてきてるわけです。裏切るなよ、一緒に悪者になろうよ、と。

つまり、うわさ話ばかりしてくる人は、**あなたに対して「私の情報をすごいとほめろ」「あの人の悪口を言え」「私と仲間であると誓え」という三つを、強いてくるわけです。**

ですから、あなたがそれに対して適当にうなずこうものなら「悪口に加わった」ということになります。そういう人は、必ずよそでもうわさ話をしていますから、あなたの名前を出して「●●さんも、そう言ってたよ」と尾ひれをつけて拡めることに。

逆に「うわさ話なんてよしましょうよ」とたしなめたりしたら、今度はあなたが仲間はずれにされます。それは共犯関係を断ったことにほかならないからです。

無理に話題を変えようとしても、結局、すぐその話に戻ってくるはず。まさに地獄。何重にも張り巡らされたワナ。絶体絶命です。

そこから抜け出すための秘策が、たったひとつだけあります。

「話しがいのないバカ」に勝るものなし

うわさ話のトラップから逃れる方法、それは「バカを演じてすっとぼける」です。話しがいのないつまらない人間になりきるしかありません。

「ねえ、知ってる？　課長の○○さん、こんど□□部に左遷になるんだって」

「えー、なんのことですかー？」

「いや、ここだけの話なんだけどさ、あくまでうわさだよ、実はさ……」

「へー、そんなうわさがあるんですねー、おもしろーい」

「どう思う？」

「どうでしょうねー」

話に食いつかない、リアクションもぼんやりさせる、語尾を伸ばしてバカっぽくしゃべる、決して自分の意見は言わない。

「なんだろう」「どうでしょう」「よくわかんないです」を繰り返します。

そうすれば、せっかくうわさ話で盛り上がろうと思った相手としては、がっかり。「もっとリアクションのいい人と話したい」と、もう二度と、あなたにうわさ話を持ちかけようとは思いません。

これは、**派閥争いや足の引っ張り合いに巻き込まれたくないときにも、応用できるテクニックです。**うわさ話という地雷原において、好リアクションは地獄への近道。そう、バカこそが最強なのです！

うわさ話ばかりするヤツは

実は　自慢したい、おとしめたい、共犯になりたい

NG　同調してもたしなめても地獄行き

OK　バカなフリをして諦めてもらうしかない

言い返す技術 32

なれなれしいヤツには、「敬語」でよそよそしくする

ムカつき度 71%

それほど親しくない人、一回か二回会っただけの人から、突然こんなLINEが来たらどうでしょう?

「よ、●●ちゃ〜ん、ちょっと元気ないんじゃなーい?」——

「おつー。今度飲みに行こうよ。○○ちゃんに癒やされたいなあ」——

びっくりしますよね。なれなれしくて、ぞっとします。

セールスの電話やしつこいナンパであれば、「いやです」「どなたです

か？」「やめてください」「通報しますよ」で済むわけですが、ちょっとした仕事の相手などだと、そうもいきません。むげに断ると、「失礼だ」と相手を怒らせてしまうかもしれません。

かといってここで受け入れてしまうと、のちのちめんどう。今後、こういう気持ち悪い連絡が頻繁に来るかと思うと、生きた心地がしない……。

いったいどうすれば、なれなれしい相手をやんわりと遠ざけて、自分の平和を守れるのでしょうか？

距離が近い。近すぎる！

なれなれしい人たちに共通するのは、「距離感がおかしい」ということ。

この人と親しくなりたい、いろんな話をする間柄になりたい……。そう思った場合、人はゆっくり時間をかけて、心理的な距離を近づけていきます。知り合って何ヶ月かたってから、ようやく「軽く飲みにでも行きませんか？」と言ってくるのが普通。

ところが、こういう人たちはそこがズレている。

びっくりするほど早いタイミングで近づいてくる。しかも、ちょっと近づいてくるならまだしも、距離が近すぎる。だからこっちとしては、本能的に「やめて」「来ないで」と拒絶したくなるというわけです。

悪気はないので、余計たちが悪いですよね。

単にあなたと仲良くなりたいだけ。すでに仲良しと勘違いしているだけ。ただのうっかりものです。でも、こっちとしては気持ちが悪い。悩ましいです。

ですが、ここで強調しておきたいのは、気持ち悪いものは気持ち悪い、ということ。

コミュニケーションの基本として、「受け手が思うことがコミュニケーションの結果」というものがあります。

要するに「あなたが気持ち悪いと思ったら、気持ち悪いと認定していい」ということです。相手の意向は知ったことではありません。悪気があろうとなかろうと、気持ち悪かったら、断固、拒否しましょう。

……と、建前は、そうなわけですが、問題は、無難な遠ざけ方。事を荒立てずにお引き取り願うためには、どうすればいいでしょうか？

距離を遠ざける超簡単な方法

なれなれしい人を、やんわりと遠ざけるのに使えるのが「敬語」です。

「よ、●●ちゃ〜ん、ちょっと元気ないんじゃなーい？」
「お疲れさまです。はい、少々体調を崩しておりまして」
「おつー。今度飲みに行こうよ。○○ちゃんに癒やされたいなあ」
「□□様　お世話になります。あいにく仕事が立て込んでおり、スケジュールに空きがございません」

敬語は、使うだけで心理的距離が遠くなる効果があります。ですから、こういう人に出くわしたら、**丁寧すぎるぐらいの敬語を駆使して、返答するようにしましょう。**

あっちがいきなり距離を詰めてくるのであれば、こっちもいきなり距離を遠ざけてやるのです。

これまで普通に話していた相手から、いきなり敬語をがっちりと使われたら、さすがに「ん？　おかしいぞ」「あ、これはまずいのかも」と気づいてくれるでしょう。

しかも**この手法であれば、相手に対して失礼にはなりません。**なんといっても、最大限の敬語を使っているのですから。取引先の担当者からプライベートな連絡をもらったときなどにも使えます。

なれなれしい人には、失礼にならないようによそよそしく対応。これが鉄則です！

なれなれしいヤツは

実は 距離感をはき違えている

NG 対応を誤ると、のちのちめんどう

OK 丁寧すぎる敬語で距離を取る

言い返す技術 33

自分の話ばかりするヤツには、「アンコール」で面白さアップ！

ムカつき度 73 %

「A社とB社って仲が悪くてさ。だからよそはどっちかとしか取引しないわけ。ウチぐらいだよ、両方とやれてるの。それもこれも、俺が担当だからなんだけどさ……」——

「きのう友だちと靴を買いに行ったんだけど、靴屋さんの隣がペットショップで、トイプードルがいて、そしたら友だちが飼いたいって言いだしたの。でもね……」——

延々と自分の話ばかりする人、いますよね。こっちの反応はおかまいなしに、ずーっとしゃべってる。いつまでも終わらない。あくびが出る。

ついイラッとして、「それって結論は？」「要は何が言いたいの？」と結論を急かしたり、「はいはい、すごいね、わかったわかった」「さすがですねー（棒読み）」と聞き流したり、そうやって自分の身を守ることになります。

これはこれで立派な解決策です。多くの人が日々こうやって、「自分の話ばかりモンスター」の攻撃を切り抜けています。

ですがこれだと**相手は話し足りなくて不満だし、こっちも「その場しのぎ感」がいなめません。**そもそも、ずっと受け身でいると疲れてしまいます。

相手が偉い人だったり、怖い人だったりすると、急かしたり、聞き流したりできない場合もあるでしょう。

そこで、まったく新しい解決法をお教えしましょう！

相手も満足して話せる、こっちも楽しい、夢のようなコミュニケーションです。

「自分の話」はカラオケと同じ

自分の話ばかりする人は、話すことで気持ちよくなってしまっています。いわばカラオケのようなもの。だーっと垂れ流して、ずーっと気持ちいい。やめられません。でもまあ、それ自体は仕方ない。

問題は話のクオリティです。話がつまらないことこそが問題、カラオケでいえば下手クソなことが問題なのです。

口調、テンポ、内容、順番……。

同じ話でも、話し方次第で面白いものにもつまらないものにもなる。芸人さんやプロのエンターテイナーは、自分のエピソードを面白おかしく話しますよね。あれなら、ずっと聞いていられます。でも、素人の話はそうはいかない。

そう、魔法の解決法とは、**相手に話し上手になってもらう方法**です。

つまらない話ほど何度もさせるといい

といっても難しいことはありません。むしろ簡単です。

相手のつまらない話が一段落したところで、「ねえ、今の話、もう一度聞かせてもらえる?」と言いましょう。いわば、アンコールを頼むのです。

騙《だま》されたと思ってやってみてください。相手は「え?」と戸惑いながらも、最初からもう一度話し始めるでしょう。

そうすると何が起きるか?

なんということでしょう。**話のムダがそぎ落とされ、メリハリがつき、絶対に最初よりも面白い話になります。**

なぜなら、2回目ともなると頭が整理され、余計な力が抜けて、面白いところだけ抽出して話せるようになるからです。

うまくいったら、「はい、もう一度最初から」「面白かったから、もういっぺん聞かせてくれる？」と促します。そうこうするうちに、相手の話は完成度が高まっていく、というわけ。話はどんどん面白くなり、あなたも退屈しません。

一見、冗談みたいなこの解決策には、よい点が他にもあります。

まずはこっちが疲れない。**「聞かされている」という受け身の姿勢から、「はい、もう一度」というコーチの視点になれる**ので、意外と面白いものです。話し手としての成長ぶりをニヤニヤ眺めながら聞くのもいいでしょう。

つぎにあっちの気持ち。仮に「もういいよ」と途中でやめてしまったとしても、悪い気はしていないはずです。だって、話を途中でさえぎられたわけではなく、「もう一度、もう一度」とせがまれたうえでの結果なのですから。

ちなみにこれは、**あなた自身が、鉄板エピソードを作り上げるときにも使える方法。失恋話、失敗談、自慢話……。どれも何度も話していく中で、完**

成度が高まっていきます。もちろん芸人さんやエンターテイナーも同じ事をしています。

自分の話ばかりする人には、やめてもらうのではなく、話の腕を上げてもらう。

ぜひ逆転の発想を取り入れてみてください！

自分の話ばかりするヤツは

実は カラオケのように気持ちよくなっている

NG さえぎっても聞き流しても、お互いストレス

OK 「もう一度話して」でお互い満足

言い返す技術 34

がんばったアピールをするヤツには、「もっとがんばれ」とハッパをかける

ムカつき度 70%

「今日、外回り、すごくがんばったんですよ」――

「忙しいけど、君のために、がんばって時間取ったんだ」――

「家事も子育ても、がんばって手伝ってるじゃないか」――

「がんばってるアピール」がすごい人、いますよね。

がんばってる、努力してる、気合い入れてる……。それは確かにすばらしいことですが、残念ながら、成果がともなっていないと、こっちとしては白

けてしまいます。

そこでつい「がんばればいいってもんじゃない！」となじってしまうのですが、するとこの人たちは、とたんにへそを曲げてしまう。「もっとがんばりを認めてほしい」「日ごろのがんばりを見てよ！」と。

もちろん「よくがんばってるね」とほめればいいと頭ではわかっています。それでも、大したことでもないのにほめるのは、納得がいかない。「もっと違うやり方があるだろう」と思ってしまう。でも言えない。モヤモヤする……。

相手も拗ねない、自分もイライラしない、うまい言い返し方はないのでしょうか？

「大変な自分」に酔っている人たち

がんばったアピールをする人は、自分に酔っている人です。

「がんばる」とは、麻薬のようなものです。

人は無気力に生きていると、精神的に病んでしまいます。逆に、なにかしら動き回っていると、それだけで気が紛れる。

もちろん、結果的に人の役に立つこともあるでしょう。ですが、基本的に、**この人たちは、自分のためにがんばっているのです。**

独りよがりで、自己満足でがんばっている。それが透けて見えるからこそ、こっちとしてはムカつくわけです。

なにしろ、小さいころから「がんばることはすばらしい」と教わってきているので、がんばったあとのことには無関心。「結果が出ないのは運が悪いだけ」と、信じています。ですから**こういう人の耳には、「がんばる」以外の言葉は響きません。**

「もっと結果を出してほしい」

「もっとほめてよ。だってがんばってるんだよ!?」

「そのやり方は間違ってる、こういう風にやってほしい」

「日ごろのがんばりを見てないでしょう?」

と、話は永遠にかみあいません。**お互いのストレスは無限に続きます。**

では、どのように言い返せば、心を入れ替えてくれるのでしょうか?

「もっとがんばれ」でもっとがんばらせる

がんばったアピールをする人に効く言葉、それは「もっとがんばれ」です。

「今日、外回り、すごくがんばったんですよ」

「わかった。もうちょっとがんばろうか」

「忙しいけど、君のために、がんばって時間取ったんだ」

「うん。でも、もっとがんばろう。そうすれば遅刻しないよね」

「家事も子育ても、がんばって手伝ってるじゃないか」

「もっとできる。もっとがんばろう」

この人たちはとにかく「がんばる」のが好き。「考える」のは嫌い。「人から言われた通りにやる」のも嫌い。

であればしかたありません。やみくもに、もっとがんばってもらいましょう。

ほめなくていいんです。ハッパをかければいい。

そうすれば「がんばってる」アピールをしてる身としては、もっとがんばらざるを得ないというわけです。

ですが「がんばりが足りない」というネガティブな言い方はぐっとこらえましょう。「こうしろ、ああしろ」という指示もNG。もっとシンプルに、「わかった。もっとがんばれ」でOKです。

余裕があるときは、「もっとできるはずなのにもったいない」などといった言葉を添えてあげると、よりいいでしょう。

「がんばった」アピールしてくる人には、「もっとがんばれ」とけしかけるのが、最もストレスなく結果を出す方法です！

がんばったアピールをするヤツは

実は 単に「がんばってる自分」に酔ってるだけ

NG 「結果を出せ」「上手くやれ」と言うとむくれる

OK ハッパをかけて、もっとがんばらせる

言い返す技術 35

自虐トークをしてくるヤツには、真に受けて心配してみせる

ムカつき度 73%

「俺みたいに数字に弱いヤツが、営業なんかやってるんだぜ。どうかしてるよな」――

「童顔なのがコンプレックスで。仕事の席とかで若く見られて困る〜」――

「全然休めなくて社畜ですよ、これじゃ。みんな俺に仕事任せすぎでしょ」――

こういうこと言ってくる人、いますよね。**「自分はダメなヤツだ」と言いつつ、どこか「すごいでしょ」と誇らしげな人。自虐と見せかけて自慢する**

です。

人。自意識過剰で、かまってほしそう。実にうっとうしいし、めんどくさい

しかたないので、「そんなことないよ」とフォローしてあげると、とても
うれしそう。「すごいじゃん」とほめてあげると、すごく満足そう。なんだ
か癪にさわりますよね。

かといって、「営業って柄じゃないかもね」「なめられてるんじゃない？」
「どうせ大した仕事じゃないんだろう？」とイヤミを言っても、相手はどこ
吹く風。「いや、ほんとにねぇ」と元気そのもの。これがまたムカつく。

なぜこうしたイヤミが通じないのでしょう？

この人たちに、こういう話し方をやめてもらえるよう、ぴしゃっと言って
やれるひと言はないものでしょうか？

張りめぐらされた「承認欲求」のワナ

自虐と見せかけた自慢をする人は、承認欲求の塊《かたまり》です。

そもそも自慢とは、人からウザがられる行為です。「偉そうに」と反感を買うこともしばしば。

それでも**なんとか自慢したい、すごいと言われたい、と考えた人たちが発明したのが、この「自虐自慢」というテクニックです。**

まずは「数字に弱い」「童顔」「社畜」と、いったん自分を下げる。で、そこから切り替えて「花形の営業」「若く見られる」「期待されてる」という、本来言いたいことを自慢する。そういう仕組みになっています。

この話し方の狙いはふたつあります。

まずは**前半の自虐部分を「そんなことないでしょ」とフォローしてもらうこと。**もう一つは**後半の自慢部分を「すごいじゃん」とほめてもらうこと。うまくいけば、ダブルで承認欲求が満たされます。**

フォローされたらフォローされたで、「ほんとにダメなんですよ」とさらに卑下できるし、ほめられたらほめられたで「でもたいしたことないよ」と謙虚ぶることで、この仕組みを無限に続けることができます。

しかもあからさまな自慢ではないので、「自慢するな」とたしなめるのも難しい。まるでこっちが悪者になったようで感じが悪い。

まさに難攻不落、絶体絶命。

どう言い返しても自慢され続ける、蟻地獄のような話し方です。

なんとかひと言で、バシッと相手を黙らせる方法はないものでしょうか？

心配に見せかけたイヤミで対抗

自虐自慢をする人の攻略ポイントは、最初の「自虐」部分にあります。ここをフォローするからおかしくなるのです。相手のウソの自虐をそのまま真に受けて、むしろ心配してあげましょう。


「俺みたいに数字に弱いヤツが、営業なんか……」

「確かに。昔からほんとに数字弱いもんな。ちゃんと勉強しなよ」

「童顔なのがコンプレックスで。仕事の席とか……」

「うん、確かに童顔かも。かわいそう。いい化粧品教えてあげようか？」

「全然休めなくて社畜ですよ、これじゃや。みんな俺に……」

「え、だいじょうぶ？　健康診断とか行ってる？」

このように、**後半の自慢部分は無視して、自虐部分を真に受ける。心配し**

て、アドバイスする。**そうすれば、相手としてみれば思惑が外れて、目を白黒させるはずです。**

さらに、この言い返し方であれば、あなたはあくまで「心配」しているフリができるので、周囲にも角が立たず一石二鳥。

相手は「いやまあ大丈夫なんだけど」と、スゴスゴと引き下がってくれるはずです。

「自虐に見せかけた自慢」に対しては「心配に見せかけたイヤミ」で対抗するのがオススメです！

自虐トークをしてくるヤツは

実は 承認欲求の塊《かたまり》

NG フォローしてもほめても、無限に続く

OK 自虐部分を逃さずにたたく

言い返す技術 36

話をやたら盛るヤツは、「メモを取るフリ」でびびらせる

ムカつき度 70％

「だから、その日、がーっと勢いで、30件成約させましたよ」――

「部長のカツラがポーン！　て取れて。みんな腹抱えて大爆笑だったんだから」――

「その店って、ほんとは有名人しか入れない店らしくてさあ。緊張したよ」――

話をやたらに盛る人っていますよね。

いくらなんでも都合が良すぎる。おおげさで怪しい。あからさまなウソな

のに、なぜか本人はあっけらかんとしている。どこか自慢げでムカつく。

ですが、「ほんとかよ」「証拠見せてみろよ」とたしなめようものなら、「何だよ、堅苦しいこと言うなよ。ノリ悪いなあ」と、まるで、こっちが空気の読めないヤツのような扱いを受けてしまう。間違いをただしたのに悪者扱い。これでは納得がいきません。

だからといって、**放置しておくとどんどん「盛り」はふくれあがる。**エスカレートするウソにこっちのストレスは溜まる一方。

他愛ない話ならまだしも、**仕事の場面であれば、大きなトラブルにもなりかねません。**

ウソだ！　と指摘もしづらいけれど、放っておくと大変なことに。

なにかいい方法はないのでしょうか？

「盛り」とは「ノリ」である

話を盛る人たちは、「ノリ」で話しています。

「ノリ」、つまり、その場の空気がワイワイと盛り上がることを目的に話しているので、正しいかどうかはどうでもいい。サービス精神が旺盛で、多少のウソなら平気でついてきます。**楽しければいいし、話がふくらめばそれでいい。**

つまり、**「盛り」と「ノリ」と「ウソ」はセットなのです。**

ですから、きちんとした性格のあなたが「大げさなことを言うな」と指摘すると、「場が盛り下がった」「空気が悪くなった」と言われることに。

相手には「ノリ=全体の空気」という強い味方がついているので、せっかくあなたが正しいことを言っても、受け入れられない。

また、完全なウソではないのも、タチが悪いポイント。
冒頭の例にしても、「契約を取ったこと」「部長のカツラがずれたこと」「有名なお店に行ったこと」自体は、ウソではないでしょう。本当におきたこと。真実。だから「ウソをつくな」と言い返しても効果はありません。

「ウソをついてるわけじゃない。脚色してるだけだ」……。いやはや、盗《ぬす》っ人猛々《たけだけ》しいとはこのことです。

なんとかしてこの人たちの「盛りグセ」をストップしたい。そのためにはどうすればいいでしょうか？

ノリノリの相手が秒で静かになる方法

話を盛る人には、「メモ」が効きます。

「だから、その日、がーっと勢いで、30件成約させましたよ」

「それはすごい！　ぜひ部内で共有したいから、メモしていい？　30件、だったね」

「あ、いや、30件は少し言い過ぎだったかも、です……」

「部長のカツラがポーン！　て取れて。みんな腹抱えて大爆笑だったんだから」

「そのネタ、ブログに書いていい？　ポーンと取れた、と。腹抱えて、と」

「あ、えーと、実はあんまりよく覚えてないんだよね」

「その店って、ほんとは有名人しか入れない店らしくてさあ。緊張したよ」

「いいなあ！　忘れないようにメモるね。なんてお店？　有名人だけが来店、と」

「あ……聞いた話だから、ほんとかどうかわかんないけどね」

「こいつ、話を盛ってるな」と思ったら、すかさず紙とペンを取り出しメモるフリをしましょう。もちろんスマホでも構いません。

目の前でメモを取られると、人は緊張します。**紙に、データに、SNSに発言が残るので、瞬間的に「やばい」と感じるのです。**「正確に話さなくては」と、自然と盛りを控えてくれるので即効性があります。

この場合、あくまで、その話に食いつくフリをするのがポイント。「忘れないようにしたい！」と前向きに、それこそノリノリで、メモを取ろうとします。そうすれば、相手としても「ノリが悪い」と文句を言いにくいからです。

「ノリ」を味方につけて好き勝手をする相手には、それを逆手にとって証拠を押さえてやりましょう！

話をやたら盛るヤツは

実は 話を盛り上げようとしてウソをつく

NG とがめると「ノリが悪い」と白い目で見られる

OK メモを取ることで、ウソをけん制

言い返す技術 37

忙しいアピールをするヤツには、「ひまアピール」で対抗する

ムカつき度 71 %

「いや、ここのところ忙しくてさ」――

「今週なんて2時間しか寝てないよ、もうやばい」――

「やること多すぎて、パッツンパッツン」――

こうやって、なにかと忙しいことをアピールしてくる人、いますよね。

忙しい、時間に追われている、寝てない。だからなんなのか。何を言いたいのかハッキリしないので、突っ込みづらい。そこがまたイラッとする理由です。

つい「だから、なに?」と問い詰めたり、「俺も忙しいんだけど」と張り合ったり、「充実してるんだね」とほめてみたり、「体調、だいじょうぶ?」と心配してみたりするわけですが、どうも相手はこたえている様子がありません。「いやー、忙しい」を繰り返すだけです。

なんなんでしょう、いったい。
なにかスカッと言い返せるワザはないのでしょうか?

「忙しい」アピールは「リア充」アピール

忙しいアピールをする人の目的は、リア充を自慢することです。

仕事にプライベートに、毎日が充実している、人から必要とされている。

そのことをほめてほしい、すごいと言ってほしい。そういう心理が「忙しい」に表れています。

これが仮に、「俺ほど仕事ができるヤツはいない」「大きな仕事を任されていて誇らしい」というまっすぐな自慢であれば、まだわかりやすいし、かわいげがあります。

ところが、それほどの素直さも、自信もない人が、「忙しい」というオブラートに包んで自慢してくる、というわけです。**「充実した時間を過ごしている」「ぼんやりとした時間を過ごしている君とは違う」という、遠回しな自慢をしたいのです。**

なので、「そんなに忙しいんだ？」と念を押すと、「そうでもないんだけどね」と濁して逃げるし、「すごいね」とほめると、「別に自慢したいわけじゃないし」と照れて逃げる。どこまでいってものらりくらり。話になりません。

少しだけほめてほしい。ガチで競いたくはない。ちょっとだけ心配してほしい。やんわりと尊敬してほしい。

そんな**とても繊細な承認欲求の表れが忙しいアピールの正体です。**

どうです？　こんなもの、まじめにつきあうだけ損だと思いませんか？

うまく追い払う方法はないのでしょうか？

「忙しい」vs.「ヒマ」で話を平行線に

忙しいアピールをしてくる人には、「ひまアピール」で対抗しましょう。

「いや、ここのところ忙しくてさ」

「いやー、最近ヒマだなあ」

「今週なんて2時間しか寝てないよ、もうやばい」

「今週よく寝てるー。寝すぎてやばい」

「やること多すぎて、パツンパツン」

「うわ、全然やることないー」

あっちが「忙しい」と言ってくる度に、こっちは落ち着いて「ヒマだー」とかぶせる。もちろんこっちの発言はウソでかまいません。


あっちは忙しい。こっちはヒマだ。

これでみごと、話は平行線をたどり続けます。


しだいに相手は「あれ？　おかしいぞ」「思うように自慢できてない」と雲行きが怪しいことを察して、話を変えるはずです。

相手がしびれを切らして「今、こんな仕事を任されてて」とか「先週、彼氏と旅行に行ったんだ〜」とか、具体的なことを自慢してきたら、ようやく普通の会話を始めましょう。

遠回しでめんどくさい自慢には、つきあわないのが鉄則。

きちんと自慢してきたところで初めて、リアクションをしてあげましょう!

忙しいアピールをするヤツは

実は 遠回しにリア充を自慢したい

NG まじめにリアクションするだけ損

OK ひまをアピールして話を平行線に

おわりに

ここ数年、世の中がギスギスしています。

ニュースを見ても、周りを見渡しても、職場でも、街中でも、SNSでも、なぜかみんな怒っている。どこかみんなイライラしている。

厚い雲がかかっている感じ。霧が晴れないイメージ。

だから、みんな、**他人を叩き、中傷する。そうやってなんとか、自分の心のモヤモヤを晴れさせようとする。**

その結果、負のエネルギーが循環し、世の中はますますギスギスしていく……。

そんな世の中の空気をなんとかしたいと思って、この本を書きました。

テーマは「言い返す」です。

ひどいことを言われる、ムッとさせられる。

そういう目に遭ったときに、**唇をかみしめて我慢するのでもなく、かといって、胸ぐらをつかんで殴りかかるのでもない、**気持ちのいい、胸のすくような言い返し方はないものだろうか。

それさえあれば、多くの人がスッキリと溜飲《りゅういん》を下げ、言われたほうも自然と自らの行動を改め、そうやって少しずつ、正のエネルギーが世の中を巡っていくのではないか。

そういった願いを込めて、うんうんと知恵を絞り、うまい「言い返し方」を考えました。

ひとつひとつ丁寧に。世の中に届け、と願いながら。

ここで紹介したコミュニケーション技術のうちひとつでも、あなたの毎日を過ごしやすくするのに役立ったなら、それにまさる喜びはありません。

あるいは、この本のどこかのページの、どこかの行のどこかの言葉を読んで、**あなたの気持ちが少しでも軽くなったなら、**著者冥利《みょうり》に尽きます。

最後までお読みくださり、ありがとうございました。
またお会いしましょう！

２０２４年５月

五百田達成

五百田達成 いおた・たつなり

心理カウンセラー。

米国CCE,Inc.認定 GCDFキャリアカウンセラー。

東京大学教養学部卒業後、角川書店、博報堂、博報堂生活総合研究所を経て、五百田達成事務所を設立。個人カウンセリング、セミナー、講演、執筆など、多岐にわたって活躍中。

専門分野は「コミュニケーション心理」「ことばと伝え方」「SNSと人づきあい」。

サラリーマンとしての実体験と豊富なカウンセリング実績に裏打ちされた、人間関係、コミュニケーションにまつわるアドバイスが好評。

「あさイチ」(NHK)、「ヒルナンデス!」(日本テレビ)、「この差って何ですか?」(TBS)ほか、メディア出演も多数。

『超雑談力』『察しない男　説明しない女』『不機嫌な長男・長女　無責任な末っ子たち』『話し方で損する人　得する人』など、著書は累計120万部を超えている。オンラインサロン「おとなの寺子屋～文章教室～」も好評。

公式サイト
http://www.iotatatsunari.com/

装丁デザイン　大前浩之（オオマエデザイン）
本文デザイン　尾本卓弥（リベラル社）
DTP　田端昌良（ゲラーデ舎）
編集人　安永敏史（リベラル社）
編集　伊藤光恵（リベラル社）
営業　廣田修（リベラル社）
広報マネジメント　伊藤光恵（リベラル社）
制作・営業コーディネーター　仲野進（リベラル社）

編集部　中村彩・木田秀和
営業部　津村卓・澤順二・津田滋春・青木ちはる・竹本健志・持丸孝

※本書は2019年に徳間書店より発行された『「言い返す」技術』を再構成し文庫化したものです。

嫌われずに言い返す技術

2024年6月24日　初版発行

著　者　五百田達成
発行者　隅田直樹
発行所　株式会社 リベラル社
〒460-0008　名古屋市中区栄3-7-9　新鏡栄ビル8F
TEL 052-261-9101　FAX 052-261-9134
http://liberalsya.com
発　売　株式会社 星雲社（共同出版社・流通責任出版社）
〒112-0005　東京都文京区水道1-3-30
TEL 03-3868-3275
印刷・製本所　中央精版印刷株式会社

　ISBN978-4-434-33990-5　C0130

好かれる人は話し方が９割

著者：中谷彰宏　文庫判／232ページ／¥720＋税

好かれるかの分かれ目は、会話だ

好かれるかどうかの分かれ目は、ルックスでも性格でもなく、会話です。出会いは、会話から生まれます。チャンスも、会話から、生まれます。「リモート会議になって、会話が難しくなった」という声をよく聞きます。今まで以上に、好かれる会話が大事になります。好かれる会話の工夫を身につけるための中谷彰宏の「好かれる人の話し方６２の方法」。

リベラル社の好評既刊

できる人はみんな使っている！
知的な話し方が身につく　必須語彙

著者：齋藤孝　文庫判／ 248 ページ／ ¥720 ＋税

日常会話やビジネスで使われる日本語４００選。

「社会人として知っていてほしい」慣用句表現を 300 語、日本語の軸である「四字熟語」、「故事成語」を 100 語収録。" 学校では教えてくれない " 教養としての日本語を身につけるキッカケとなる一冊。穴埋め・ドリル形式で雑学的に読める。